노는 집

프롤로그

사는 집 말고, 노는 집 하나쯤

누구나 그러하듯이, 태어나는 순간부터 나에게도 집이라는 것이 생겼다. 별다른 생각이나 특별한 느낌 없이, 그곳에서 나의 삶은 시작되고 자라났다. 어머니, 아버지, 그리고 동생들과 같은 공간을 나누며, 때로는 즐겁게 웃고, 때로는 작은 다툼을 겪으면서 자연스럽고 아주 당연하게 살아온 것 같다.

살아가면서 수많은 집들을 보게 되었고, 조금씩 다른 풍경과 감정을 체험했다. 그렇게 하나둘 쌓이며 집에 대한 기준 같은 것도 생겼다. 큰 집, 작은 집, 부자 집, 가난한 집, 화려한 집, 소박한 집, 즐거운 집, 우울한 집…….

"좋은 집의 기준은 무엇일까?"

　　돌아보면 나는 집의 기준을 깊이 생각해 본 적은 없었다. 그저 살아가면서 접한 다양한 집에 대한 이야기와 정보들로부터 자연스럽게 영향을 받았다. 어느 날부터인가 '좋은 집은 크고 화려한 집'이며, 이런 집을 갖는 것이 결국 성공적인 삶의 결과일 것이라는 기준이 내 안에 자리 잡게 된 것 같다.

　　그러던 어느 날, 해외 출장길이었다. 한참을 달려 도착한 작은 마을에서, 들판 너머 작은 숲 속에 조용히 놓여 있는 통나무집 하나를 보았다. 그 집 앞에는 진정으로 쉼을 즐기는 젊은 이들이 있었다. 장작을 패고, 차를 우리고, 아무것도 하지 않는 시간을 기꺼이 즐기고 있는 모습이었다. 그 장면은 마치 오래된 엽서처럼 조용히, 그러나 선명하게 내 안에 각인되었다. 그날 나는 처음으로 '집에 대한 새로운 기준'에 대해 생각하게 되었다.

"집이 나에게 주는 혜택은 무엇일까?"

"나에게는 어떤 집이 필요할까?"

그 순간, 이상하게도 머리가 맑아졌다. 마치 오래도록 잊고 지냈던 무언가가 불쑥 눈앞에 나타난 것처럼.

'나도 저런 집을 하나 갖고 싶다.' 그 바람은 아주 천천히, 그러나 분명한 울림으로 내 안 어딘가 깊은 곳에 스며들기 시작했다. 그 소망은 말없이 내 안에서 자랐다. 그리고 몇 해 뒤, 나는 바닥 4.3평짜리 나만의 작은 집을 지었다. 오랜 시간 고민하고 헤매던 끝에 마침내 나만의 방식으로 집을 짓는 방법을 찾았다.

이후 놀랍게도 많은 사람들이 관심을 가졌고, 유튜버들이 찾아와 영상을 찍었다. 세컨하우스를 꿈꾸던 이들은 물었다.

"이런 집, 나도 지을 수 있을까요?"

그 질문 하나가 내 삶과 내 일을 바꾸었다. 그때부터 나는 타인의 집을 함께 짓는 일을 시작했다. 그들의 이야기를 듣고, 그들의 공간을 디자인했다. 또한 이런 집을 짓는 방법을 더 많은 사람들에게 알려주기 위해 직접 집짓기 학교도 열었다. 함께 땅을 고르고, 자재를 손에 들고, 망치를 들며 한 채씩 집을 올렸다. 사람들은 말했다.

"생각보다 집짓기는 어렵지 않네요!"

그러던 어느 날, 그 여정에서 나는 최윤서라는 사람을 만났다. 나와는 전혀 다른 삶을 살아온 분이었다. 오랜 시간 '엄마'이자 '아내'의 이름으로 살아온 분이었다. 세상은 그녀의 삶을 조용하다고 말할지 모르지만, 나는 그 안에 고요하고 단단한 치열함을 보았다.

그녀는 말했다.

"이제는 나를 위한 공간 하나쯤 가지고 싶어요."

책을 좋아하고, 사람을 좋아하며, 자기 이야기를 담을 수 있는 작은 무대를 꿈꿨다. 나는 그 말에 고개를 끄덕였다. 내가 걸어온 길과 그녀의 소망이 겹쳐지는 순간이었다. 그래서 제안했다. 그녀가 원하는 작은 집을 함께 짓고, 우리 둘의 집짓기 여정을 책으로 남겨 보자고. 이 책은 아마도 '나만의 이야기가 담긴 작은 집'을 갖고 싶은 사람들에게 관심 있는 이야기가 될 수 있을 것이고.

이 책은 두 사람의 진솔한 고백이다. 지금부터, 그 이야기를 시작한다.

프롤로그 2

1장 노는 집 건축가 이야기

01 집의 시작_ 12

02 우연한 출장_ 15

03 작은 오두막에 반하다_ 20

04 집에 대한 새로운 관점_ 25

05 나는 자동차보다 오두막이 좋다_ 28

06 나만의 작은 오두막을 꿈꾸다_ 31

07 내가 오두막을 갖고 싶은 이유_ 33

08 작은 집짓기가 어려운 이유_ 37

09 프리컷을 만나다_ 42

10 공장 속에 지어진 나의 집_ 47

11 무역업자로 변신하다_ 53

12 거대한 선물_ 57

13 생애 최초로 내가 지은 집_ 63

14 집의 검증_ 70

15 진짜 주택을 짓다_ 78

16 타인의 집을 짓다_ 88

17 광고쟁이가 지은 집_ 94

18 프리홈의 탄생_ 98

19 노는 집의 고객들_ 103

20 프리컷 건축학교를 만들다_ 124

21 학교의 운명?_ 131

22 프리컷의 한계, 그리고 깨달음_ 136

23 대가를 만나다_ 139

24 꺼꾸로 공부_ 146

25 청춘별장의 탄생_ 150

26 좋은 세컨드하우스란 무엇인가_ 161

27 유튜버와의 만남_ 166

28 다시, 새로운 집을 꿈꾸다_ 170

29 특이한 방문자_ 172

30 House Creative 프리젠테이션_ 176

31 집의 내부와 외부_ 182

32 1층 소통의 공간_ 185

33 2층 휴식의 공간_ 188

34 3층 취향의 공간_ 191

35 집의 외관_ 196

2장 최윤서의 집짓기

36 최윤서의 집짓기 여정_ 210

37 작은땅 찾기_ 220

38 아주 작은 집, 만나다_ 222

39 집을 설계하다_ 225

40 컨설팅을 의뢰하다_ 227

41 직불제 건축 덫에 걸리다_ 229

42 기나긴 무더위에 건축하다_ 230

43 주저앉고 싶다_ 237

44 절망하다_ 239

45 마음을 추스리다_ 242

46 시간이 멈추다_ 244

47 결단을 내리다_ 246

48 작은 집의 완성_ 248

3장 노는 집의 완성

49 노는 집의 완성_ 254

50 윤서재 집짓기 리뷰_ 266

51 윤서재, 이제 시작이다_ 276

52 아직 끝나지 않은 집_ 281

1장

노는 집 건축가 이야기

01
집의 시작

 집은, 누구나 태어나자마자 얻게 되는 첫 번째 공간이다. 선택의 여지 없이 주어지는 삶의 무대. 나 역시 그랬다. 기억은 흐릿하지만, 분명 그곳에서 나는 눈을 떴고, 밥을 먹었고, 놀았고, 밤이면 다시 잠들었다. 어머니가 끓여 주시던 된장국 냄새로 잠에서 깼고, 거실에 깔린 돗자리 위에서 동생들과 뒹굴며 만화를 봤다. 겨울 아침엔 이불 밖으로 발을 내밀기 싫어 칭얼댔고, 여름 저녁엔 마당에서 별을 세기도 했다. 생각 없이, 너무나 자연스럽게. 그래서일까. 오랫동안 '집'은 내게 그냥 배경이었다. 생존에는 필수였지만, 내가 원해서 갖게 된 것도, 의식적으로 고른 것도 아니었기에, 그 의미를 깊이 들여다볼 생각조차 하지 않고 자랐다.
 시간이 지나면서 조금씩 알게 됐다. 집은 단순

히 나만의 공간이 아니라는 걸. 거기엔 아버지와 어머니, 동생들, 그리고 이름 붙일 수 없는 온기와 기류들이 함께 있었다. 부모님의 방, 내 방, 동생들의 방, 모두의 거실, 어머니의 주방, 그리고 마당. 하나의 집 안에도 수많은 공간이 겹겹이 존재했고, 우리는 때로는 함께, 때로는 각자 그 안을 오갔다. 그 집은 '공간'이었지만, 동시에 '관계'였다. '가족'이라는 이름으로 묶인 감정의 건축물.

'집이란 무엇인가' 라는 질문을 처음 품은 건 아마도 초등학교에 들어간 무렵이었을 것이다. 처음으로 집을 벗어나 학교라는 사회적 공간에 진입하면서, 친구라는 또 다른 공동체를 만났고, 자연스럽게 그들의 집을 방문하게 되었다. 익숙한 구조를 벗어난 낯선 평면. 친구네 집 거실엔 오래된 피아노가 있었고, 어느 집에는 바닥에 난방이 들어오지 않는 방이 있었으며, 주방 창문 너머로 보이는 풍경마저 우리 집과는 전혀 달랐다. 익숙한 냄새와는 다른 향. 각기 다른 방식으로 배치된 가구와 사람들. 나는 그제야 우리 집을 처음으로 '객관적 시선'으로 보기 시작했다. 타인의 집을 경험하면서 내 집의 형태와 분위기가 또렷해졌다. 집이라는 개념이 구체화되기 시작한 순간이었다.

자라면서 더 많은 집들을 보게 되었다. 잡지 속 사진처럼 정갈한 집, 리모델링 중인 반쯤 허물어진 집, 아파트, 전원주택, 다세대주택… 그만큼 다양한 삶의 방식이 존재한다는 것도 알게 되었다. TV 드라마는 매일 다른 이야기들을 쏟아냈고, 그 배경은 늘 '집'이었다. 부자는 넓고 화려한 집에, 서민은 작고 어수선한 집에 살았다. 드라마는 말한다. 성공하면 더 좋은 집으로 옮겨가고, 실패하면 쫓겨나듯 낡은 집으로 밀려난다고. 알게 모르게, 나 역시 그런 프레임 속에서 '집'의 의미를 학습했다.

그렇게 내 안에는 어느새 '집에 대한 기준'이 자리 잡았다. 크고 멋진 집은 부의 상징이고, 초라한 집은 실패의 메타포라는 생각. 누가 가르쳐준 것도 아닌데, 집은 그 자체로 인생의 축소판이 되어 있었다.

02
우연한 출장

대학을 졸업하고, 사회에 나와 직장 생활을 하며 수많은 집을 보았다. 광고 속 고급 아파트, 로망처럼 묘사되는 단독주택, 친구의 전셋집, 거리의 빌라들. 그러나 그 모든 경험은 내 안의 기준을 흔들지는 못했다. 크고 멋진 집은 성공의 상징, 작고 허름한 집은 그 반대. '좋은 집이란 크고 비싸고 번듯한 것'이라는 고정관념은, 어릴 때부터 사회가 심어준 각인처럼 쉽게 사라지지 않았다.

그러던 2015년, 뜻밖의 출장지가 나의 시선을 바꾸는 전환점이 되었다. 러시아. 업무 차 방문한 모스크바. 그 기회가 다시는 없을 것 같아 2박 3일 여행을 추가했다. 낯선 도시였지만, 오히려 그래서 더 깊이 보고 싶었다. 모스크바 시내를 처음 마주했을 때, 도시는 낯설지만 묘하게도 견고해 보였다. 도심

한가운데를 흐르는 모스크바강을 중심으로 근엄한 석조 건물들과 유리로 빛나는 현대식 타워들이 혼재하고 있었다. 붉은광장에 들어서자, 가장 먼저 시선을 사로잡은 건 화려한 양파 돔의 성 바실리 대성당이었다. 대형 케이크처럼 화려하고 낭만적인 외형은 이 도시의 이중성을 상징하는 듯했다. 그 옆의 크렘린 궁전은 중세의 위엄을 그대로 간직한 채 러시아 권력의 상징처럼 버티고 있었고, 볼쇼이 극장의 고전주의 양식은 도시의 품격을 조용히 드러내고 있었다. 거리엔 군복을 입은 사람들이 느릿하게 걸었고, 노면전차는 낡았지만 매끄럽게 달리고 있었다. 도심 한복판에서도 잠시 정적이 감도는 듯한 느낌. 모스크바는 바쁘지만 부산하지 않은 도시였다. 크고 차갑고 묵직했다. 하지만 어딘가 숨이 잘 쉬어지는 그런 도시. 인상은 거기까지였다.

'사는 도시'로서의 모스크바는 익숙했고, 삶의 결이 그리 다르지는 않다는 생각이 들었다. 그러던 찰나, 그 도시 바깥으로 나가는 길이 진짜 이야기를 시작했다. 다음 날, 모스크바에서 자동차로 두 시간 남짓 떨어진 시골 마을로 향했다. 서울에서 경기도 외곽으로 빠져나가는 느낌이었지만, 고속도로에 진입하자마자 상황은 달랐다. 길은 전혀 뚫리지 않았다. 출퇴근길도 아닌 평일 오후, 전국이 이동하는 명절처럼 도로가 정체되어 있었다. 가이드는 웃으며 말했다.

"이건 평소예요. 금요일이면 대부분의 모스크바 시민들이 다챠로 떠납니다."

다챠(Dacha). 그 단어는 내게 처음 듣는 개념이었다. 러시아에는 19세기 귀족들의 여름 별장에서 시작된 전통이 있었다. 하지만 이 문화는 소련 시절에 전환점을 맞는다. 1970년대 말, 정부는 도시 근로자들에게 약 600㎡(200평) 규모의 땅을 무상으로 분배하며 누구나 자신의 작은 별장을 가질 수 있도록 장려했다. 그렇게 다챠는 귀족의 전유물이 아니라 도시 노동자, 교사, 엔지니어, 예술가, 연금 생활자 모두의 것이 되었다. 모스크바 시민의 약 70%가 다챠를 소유하고 있다는 가이드의 설명은 단순한 숫자 이상의 의미로 다가왔다. 이건 '또 하나의 집'이 아니라 주말의 삶을 도시에서 분리해내는 라이프스타일의 구조였다.

정체를 뚫고 도착한 시골 마을은 조용했지만 묘하게 활기찼다. 숲을 따라 줄지어 있는 나무 오두막들, 가파른 지붕에는 이끼가 얹히고, 굴뚝에선 잔 연기가 피어오르고 있었다. 마당엔 감자, 토마토, 양배추가 자라고 있었고, 어디선가는 노부부가 나무 울타리를 손질하고 있었다. 이곳이 다챠 마을이었다. 러시아인들은 이곳에서 밭을 일구고, 계절을 느끼고, 온전히 자신만의 속도로 살아간다. 다챠는 단지 별장이 아니라 채소를 키우고, 잼을 담그고, 아이들을 뛰놀게 하고, 어른들이 인생을 이야기하는 공간이었다. 우리는 운 좋게 한 다챠에 초대받았다.

잔치가 열리고 있었다. 마당 중앙에 긴 나무 테이블이 놓이고, 보드카, 장작불에 구운 고기, 직접 담근 피클, 토마토 샐러드가 한가득 놓여 있었다. 사람들은 큰 잔을 주고받으며 웃었고, 기타를 치는 이, 손뼉을 치는 이, 아이들과 춤을 추는 어른들이 있었다. 그 옆에는 전통 사우나인 반야(Banya)가 있었다. 나무로 만든 작은 움막 안에서 뜨거운 수증기가 피어오르고 있었고, 사람들은 사우나 모자를 쓴 채 웃으며 드나들고 있었다. 러시아의 반야는 그 자체가 하나의 사교 공간이었다. 뜨거운 증기 속에서 땀을 흘리고, 몸을 식힌 뒤에는 맥주 한 잔과 함께 삶의 이야기를 나누는 곳. 그 안에는 도시의 계급도, 직함도 없었다. 땀과 웃음만이 존재했다. 나는 그날, 러시아의 '별장'이 얼마나 실용적이고 감성적인 공간인지, 그리고 얼마나 '살아 있는 집'인지를 처음으로 실감했다.

도시는 크고 멋졌지만, 이곳에는 온기가 있었다. 이들은 집이 아니라, 삶을 나누고 있었다.

03
작은 오두막에 반하다

나는 마을을 더 걷고 싶어졌다. 가이드와 함께 마을 외곽, 숲 가장자리로 향했다. 가로수처럼 늘어선 잣나무와 자작나무 사이로 난 흙길을 따라 걷다가, 나는 문득 한 장면 앞에 멈춰 섰다. 작은 오두막. 지붕은 살짝 기울어 있었고, 나무 외벽은 햇빛에 바래 회갈색을 띠고 있었으며, 창문 틀에는 손으로 짠 듯한 레이스 커튼이 걸려 있었다.

그 집 앞 작은 마당엔 젊은 커플이 앉아 있었다. 낮은 화덕 위에서는 장작이 천천히 타고 있었고, 화염은 바람에 따라 춤추듯 일렁였다. 그 곁에서 커다란 주전자 하나가 김을 내며, 겨울 끝자락의 찬 공기를 은근하게 데우고 있었다. 두 사람은 나무 의자에 나란히 앉아 있었고, 두툼한 담요를 함께 덮은 채, 손엔 머그잔을 하나씩 쥐고 있었다. 여성은 헐렁한 니트에 런닝을 덧입고 있었고, 빛바랜 청바지는 무릎이 살짝 해져 있었다. 그녀의 어깨에는 남자의 얼굴이 문신으로 새겨져 있었는데, 그것조차 무심한 듯, 그러나 의미심장하게 보였다.

남자는 짧은 검은 머리에 수염을 약간 기른 모습이었고, 맨발을 털슬리퍼에 얹은 채, 천천히 차를 마시며 무언가를 이야기하고 있었다. 그의 목소리는 낮고 단단했지만, 그 순간만큼은 참 부드럽게 들렸다. 두 사람은 자주 눈을 마주쳤고, 서로 말이 없어도 눈빛으로 많은 것을 나누는 사람들 같았다. 때때로 둘 중 하나가 웃으면, 그 웃음은 전염처럼 퍼져 마당 전체를 물들였다. 그들의 곁에는 검은 대형견이 조용히 누워 있었고, 귀를 살짝 뒤로 젖힌 채, 장작불 소리를 들으며 졸고 있었다. 오두막 옆엔 광택이 나는 SUV가 주차되어 있었다. 하늘은 맑았고, 잎이 진 나무 사이로 오후 햇살이 부드럽게 내리꽂히며 길고 따뜻한 그림자를 만들고 있었다. 그림자 속에서, 두 사람은 마치 세상의 외곽에 있는 것처럼, 그저 자기들만의 리듬대로 시간을 흘려 보내고 있었다.

그 순간, 나는 마치 광고 한 장면을 바라보는 듯한 느낌을 받았다. 하지만 그건 연출이 아니라, 진짜 그들의 삶에서 튀어나온 한 조각이었다. 호기심이 생겨서 가이드에게 부탁했다.

"혹시, 집 안을 조금 구경해도 될까요?"

그들은 흔쾌히 문을 열어주었다. 남자는 모스크바에서 금융 일을 한다고 했고, 여성은 패션 디자이너. 이 집은 남자의 아버지로부터 물려받은 다챠로, 주말이면 아무 약속이 없을 땐 이곳에 와서 쉰다고 했다. 가끔은 농작물도 돌보고, 종종 친구들을 불러 모닥불 잔치를 하기도 한다며 웃었다. 문을 열고 들어간 오두막은 상상보다 더 작았고, 훨씬 더 아기자기했다. 대략 6평 남짓. 한 눈에 다 보이는 구조. 하지만 그 안은 시간이 뿌리를 내린 공간 같았다. 벽난로 앞엔 오래되어 솜이 죽은 1인용 소파 두 개가 마주 보고 있었고, 벽난로 위에는 장작 냄새가 배인 오래된 주전자 하나가 놓여 있었다. 그 옆에는 잘 마른 참나무 장작들이 벽을 따라 정갈하게 쌓여 있었고, 천장에는 다양한 모양의 프라

이팬과 냄비들이 매달려 있었다. 주방 쪽 선반에는 나무 그릇과 도자기 머그컵들, 유리병에 담긴 이름 모를 허브와 양념들이 마치 잘 연출된 사진처럼, 그러나 아무런 작위 없이 배치되어 있었다.

나는 그 공간에 매료되었다. 이 집은 어떤 건축 잡지에도 실리지 않을 것이다. 그러나 그 순간, 그 어떤 잡지 속 집보다 더 많은 이야기를 품고 있었다. 패션 광고 일을 하며 유럽과 호주의 해안 절벽 위 대저택, 성처럼 웅장한 고택, 수십억짜리 별장들을 수도 없이 봐왔지만 그 모든 집은 내게 멋진 풍경이었지, 이 집처럼 가슴을 두드리진 못했다. 그 이유는 명확했다. 디자인 때문이 아니었다. 이 집에는 삶의 리듬이 있었기 때문이다. 주중엔 치열하게 일하고, 주말이면 이곳에 와 사랑하는 사람과 차를 마시고, 장작을 패고, 함께 요리하고, 사우나에 들어가 땀을 흘리고, 밤이면 모닥불 앞에 앉아 불빛 속에 몸을 녹이는 삶. 나는 그 장면에, 그 감도는 공기 속에 완전히 빠져들었다. 그 순간, 나는 처음으로 집의 기준이 바뀌고 있다는 걸 느꼈다. 크고 멋진 집이 아닌, 지금의 나를, 지금 당장의 삶을 풍

요롭게 만들어주는 공간. 그것이야말로 내가 원하던 집이었다. 이 오두막은 초라하지 않았다. 작지만 온전했고, 단출하지만 충만했다. 이 집은 '나도 가질 수 있을 것 같은 집'이었고, 그 가능성이 내 안에서 묘하게 따뜻한 욕망을 일으켰다.

그날 이후, 나는 달라졌다. 별장은 부자들만의 것이 아니라는 생각, 작은 집 하나로도 충분히 충만한 삶이 가능하다는 믿음, 그리고 언젠가 나도 나만의 오두막을 갖고 싶다는 아주 구체적인 소망.

04
집에 대한 새로운 관점

 우연히 만난 러시아의 작은 오두막은 내가 오랫동안 당연하게 여겨왔던 '좋은 집'에 대한 기준을 완전히 흔들어놓았다. '살아가기 위한 집'이 아닌, '즐겁고 재밌게 살아지는 집.' 삶의 무게를 덜어내고, 나를 위해, 오직 나만을 위해 존재하는 공간. 타인의 시선도, 역할도, 의무도 잠시 내려놓은 채 오롯이 나의 감각과 리듬대로 머물 수 있는 곳. 그저 하루를 견디는 집이 아니라, 하루를 기다리게 하는 집.

 나는 그 오두막에서 나도 몰랐던 내 안의 감각이 깨어나는 걸 느꼈다. 그건 단순한 동경이 아니었다. 어린 시절 마음껏 가지고 놀던 장난감 같은 집. 내가 그 집을 지배하는 것이 아니라, 그 집과 함께 논다는 기분. 자유롭고 기발하고, 무엇보다 내 마음 같아서 왠지 웃음이 나는 그런 집.

 이후로 나는 틈만 나면 인터넷을 뒤적였고, 자정 늦게까지, 이상하고 재미있는 집을 찾는 검색은 계속됐다. 구글, 핀터레스트, 유튜브. 나에겐 그곳이 보물창고였다. 세상엔 정말 기발한 집들이 있었다. 특히 유럽. 삶의 여유와 유머, 놀이가 결합된 집들. 거대한 나무 위의 트리하우스, 깎아지른 절벽 위 외로운 별장, 강의 작은 섬에 세워진 외딴 오두막. 어떤 집은 실내 벽 한쪽이 진짜 암벽이라 거기서 암벽등반을 즐길 수도 있었다. 옥상에서 마당의 수영장까지 미끄럼틀이 연결된 집을 본 순간, 나는 생각했다.

"이건 설계가 아니라 놀이다. 창작이다."

 그런 집들을 볼수록 더 궁금해졌다. 도대체 이 집을 지은 사람은 어떤 생각을 했을까? 그건 단지 재미나 아이디어의 문제가 아니었다. 그건 삶을 대하는 태도의 문제였다. 어떻게 살아야 할지를 고민하다가 그 고민 끝에 만들어낸 하나의 형태. 그 집들 안에는 예술가처럼 자유로운 생각이 있었고, 무모할 만큼 용감한 실행력도 있었다. 그들은 자연 속 빈 땅에만 집을 짓지 않았다. 도심의 자투리, 빌딩과 빌딩 사이 틈, 주차장 옆 낡은 화단. 그곳조차 상상력으로 다시 태어났다. 나는 이런 집들을 보면서 '이건 건축이 아니라 창작이고, 선언이다'라는 생각이 들었다. 이들의 집은 '주거'가 아니라 '표현'이었다. 그 안에는 "나는 이렇게 살고 싶다"라는 명확한 의지와 감성이 깃들어 있었다.

그들의 상상력, 그들의 자유로움이 부러웠다. 단지 멋져서가 아니라, 그건 누군가의 삶을 바꾸는 방식이었으니까. 그리고 그 순간, 나도 한 가지를 확신하게 되었다. 나도 언젠가, 내 방식대로, 나만의 '노는 집'을 짓고 싶다.

05
나는 자동차보다 오두막이 좋다

나는 재미있는 집들에 대한 자료를 찾다가, 어느 날 우연히 "나는 자동차보다 오두막이 좋다"라는 문장을 만났다. 짧은 한 줄이었지만, 그 문장이 내 안에서 오래 울렸다.

세계의 수많은 젊은이들이 가장 갖고 싶어 하는 1위는 단연 자동차일 것이다. 자동차는 단순한 이동 수단이 아니다. 열정적으로 일하고, 사랑하고, 놀고, 인생의 황금기 한가운데를 달리는 청춘에게 자동차는 곧 '또 하나의 집'이자 '또 하나의 자유'다.

부모와 함께 사는 집은 누군가와 공간을 나눠야 하는 곳이다. 사적인 영역은 제한되고, 눈치가 필요하다. 하지만 자동차는 다르다. 비록 좁고, 화장실도 없고, 주방도 없지만 그 공간은 전적으로 자기 자신에게만 속한다. 차 안에서 혼자만의 시간을 보내고, 좋아하는 음악을 틀고 친구들과 드라이브를 떠나며, 때로는 뒷좌석에 담요를 깔고 하룻밤을 보내기도 한다. 데이트를 하고, 여행을 떠나고, 심지어 캠핑까지 그 안에서 벌어지는 모든 일은 작은 차 안이라는 '움직이는 집'에서의 삶이다. 그래서 사회 초년생들은 첫 월급을 타면 대부분 자동차부터 산다. 때로는 자신의 소득 대부분을 투자해서 고급차를 사고, 부모님들의 걱정을 사기도 한다. 하지만 그만큼 이들에게 자동차는 절실한 공간이다. 이동수단이라기보다는 나만의 '노는 집'인 것이다. 부모와 함께 사는 '사는 집'이 아닌, 내가 온전히 소유하고 즐길 수 있는 집. 내 마음대로 시간을 보내고, 감정을 쏟아낼 수 있는 집. 그게 자동차였다.

그런데 유럽과 미국 등 여가의 가치를 중요하게 여기는 나라들에서는 요즘 젊은 세대 사이에 "나는 자동차보다 오두막이 좋다"는 말이 유행처럼 퍼지고 있다고 했다. 주중에는 직장이 있는 도심에서 비좁은 원룸에 살지만, 주말이면 그 일상을 벗어나 자연 속의 오두막으로 향한다. 바로 '사는 집'과

'노는 집'을 분리하는 삶. 그들에게 오두막은 크기나 위치보다 '자기만의 온전한 리듬을 찾을 수 있는 공간'이다. 자동차도 물론 유용하지만, 피곤한 몸을 완전히 누일 수 없고, 차창 밖으로 풍경을 감상하기도 어렵고, 무언가를 요리하기에도 부족하다.

하지만 오두막은 다르다. 작아도 침대가 있고, 차를 끓일 수 있는 난로가 있고, 모닥불을 피울 마당이 있다. 무엇보다 그 안엔 진짜 삶의 속도가 있다.

부모 세대는 평생을 아끼고 모아 자식에게 '좋은 집'을 남기는 걸 인생의 성공으로 여겼다. 하지만 요즘의 청춘들은 다르다. '지금 이 순간을 잘 사는 것', '내가 온전히 나답게 쉴 수 있는 작은 공간을 갖는 것' 그게 삶의 질을 결정한다고 믿는다. 기성세대가 보기엔 이런 생각들이 철없고 불안해 보일 수도 있다. 하지만 이들은 지금을 즐기되, 그 안에 진심을 담고 있는 사람들이다. 그래서 "나는 자동차보다 오두막이 좋다"는 말은 단순한 취향의 문제가 아니라 삶에 대한 태도의 전환처럼 느껴졌다. 나도 그 말에 전적으로 공감하게 되었다.

06
나만의 작은 오두막을 꿈꾸다

　러시아의 작은 오두막 체험 이후, 내 인생의 주요 관심사 1순위는 단연 '나만의 작은 오두막'이 되었다. 마치 첫사랑에 빠진 사람처럼, 나는 작고 단출한 집에 점점 더 깊이 빠져들었다. 시간만 나면 작은 집을 떠올렸고, 인터넷에 올라온 해외 사례들을 찾아보고, 지인을 만나도 자연스럽게 그 주제로 대화가 흘러갔다. 도심의 건축, 아파트 단지, 전원주택… 이제 내 눈에는 모두 '작은 집'으로 필터링되어 보이기 시작했다.

　그러던 어느 날, 나는 마침내 결심했다. 오랜 시간 가슴속에서 키워온 꿈을 행동으로 옮기기로.

"그래. 나만의 작은 오두막을 짓자."

물론 말처럼 쉬운 일은 아니었다. 아무리 오두막이라도 '집'은 집이다. 한 번도 집을 지어본 적 없는 내가 그런 결정을 내리는 건 분명 큰 모험이었다. 무엇보다 현실적인 과제들이 있었다. 집을 지을 수 있는 토지, 예산, 함께할 전문가. 셋 모두가 나에게는 낯선 영역이었다. 하지만 신기하게도, 가장 어렵게 느껴졌던 '땅 문제'는 의외로 쉽게 풀렸다. 돌아가신 아버지께서 예전에 서울 근교, 경기도 광주에 사두신 땅이 있었는데, 그곳은 면적도 충분했고, 용도도 이미 대지로 등록돼 있어 별다른 제약도 없었다. 하늘 아래 내 집을 지을 수 있는 '합법적인 틀'이 이미 준비돼 있었던 것이다. 나는 그 순간, 아버지께 마음속으로 깊이 감사했다. 그분은 그 땅을 통해 나에게 또 다른 삶의 기회를 주신 듯했다.

예산도 문제였다. 하지만 나는 궁궐 같은 집을 짓고 싶은 게 아니었다. 작고 단출하지만, 내가 진짜 '원하는 기능'만 담긴 집. 그러니 감당못할 비용이 들진 않을 것 같았다. 이렇게 해서, '나만의 오두막 프로젝트'는 조심스럽게 첫 발을 내딛게 되었다.

07
내가 오두막을 갖고 싶은 이유

계획을 세우기 전, 나는 내 안에 숨어 있던 질문부터 꺼내 보았다.

"나는 왜 세컨드하우스를 갖고 싶은 걸까?"
"내가 진짜 원하는 집은 어떤 모습일까?"

처음에는 막연했지만, 곧 스스로를 인터뷰하듯 내 일상을 기록해보기로 했다. 내 하루는 어떻게 흘러가는가? 나는 여가 시간에 무엇을 하고, 언제 가장 행복하며, 무엇을 할 때 시간이 순식간에 지나가는가? 심지어는 내가 가장 좋아하는 음식, 가장 자주 듣는 음악, 즐겨 입는 옷, 주말에 가고 싶은 장소까지 적어 내려갔다. 이 모든 걸 '일기 쓰듯' 정리하다 보니 처음엔 다소 혼란스러웠지만, 어느 순간 반복되는 패턴들이 보이기 시작했다.

　나는 '혼자 생각하는 시간'을 소중히 여겼고, 자연을 사랑하며, 손으로 무언가를 만들거나 요리하는 시간을 좋아했고, 무조건 넓은 공간보다는 아늑한 구석을 더 선호했다. 그렇게 쌓인 기록들을 다시 한 번 정리해 중복을 줄이고, 덜 중요한 요소들을 과감히 덜어냈다. 그 후에는 중요도 순으로 나만의 니즈를 우선순위화했다. 그 결과, 내게 꼭 필요한 집의 기능들이 선명해졌다. 이제는 그 기능들을 어떻게 구현할 것인지가 남았다.

　나는 각 니즈를 해결해 줄 수 있는 구조와 시설을 자료에서 찾아내고, 직접 스케치를 하며 구체화하기 시작했다. 기능에서 시작해 형태를 결정하는 방식, 말하자면, 매우 실용적인 '미시적 접근법'이었다. 광고 일을 해온 내게 이 프로세스는 익숙한 영역이었다. 아이디어를 도출하고, 구조화하고, 스토리보드로 시각화하는 일. 그건 마치 광고 한 편을 기획하고 제작하는 과정과 같았다. TV CF 하나를 만들기 위해 수십, 수백 개의 아이디어를 쏟아내고, 그중 최적의 안을 골라 광고주에게 프레젠테이션을 하고, 확정된 콘셉트를 바탕으로 연출가와 촬영팀, 미술감독, 스타일리스트 등 수많은 전문가들과 함께 실물로 구현해내는 일. 나는 집도 그렇게 만들고 싶었다. 광고처럼, 처음엔 '아이디어'가 있었고, 그걸 '그림'으로 만들어, 마침내 실제 '공간'으로 실현하고 싶었다. 하지만 여기서부터 문제가 시작되었다.

08
작은 집짓기가 어려운 이유

나는 집짓기에서 광고 감독의 역할을 하듯, 나의 '작은 오두막 프로젝트'를 현실로 만들어 줄 건축사나 설계사부터 찾기 시작했다. 광고에서는 콘셉트를 시각화해주는 아트디렉터, 실제 촬영과 제작을 책임지는 감독이 중요한 파트너였다. 집짓기도 마찬가지였다. 아이디어는 있었지만, 그것을 실물로 만들어줄 전문가가 필요했다. 그러나 이 과정에서 예상치 못한 벽에 부딪혔다.

내가 설명한 집은 분명 단순하고 소박했다. 특별한 기술이 필요한 것도 아니었고, 구조적으로 무리한 시도도 아니었다. 그럼에도 불구하고 대부분의 건축가는 고개를 절레절레 흔들었다. 이유는 간단했다. 집이 너무 작기 때문이었다. 나의 오두막은 겨우 6~10평 남짓한 규모였다. 그들에게 이 집은 실적으로도, 수익으로도 가치가 없는 프로젝트였다. 어떤 설계사는 "그럴 바엔 최소 30평은 돼야죠"라며 집을 키우는 쪽으로 유도했고, 어떤 이는 '소형 건축 할증'을 붙여 설계비를 두 배로 책정했다.

그들의 입장은 이해가 되었다. 한국의 건축업계는 설계비나 시공비를 보통 '평당' 기준으로 산정하는 구조다. 하지만 집이 작다고 해서 일이 간단해지는 것은 아니다. 화장실은 있어야 하고, 부엌도 있어야 하며, 단열과 구조 설계, 채광과 환기 계획 등은 크기와 무관하게 필수 요소다. 오히려 작은 공간에 모든 것을 담아야 하기에 더 정교한 설계와 고민이 필요하다. 게다가 구조와 법규, 설비 조건까지 동일하게 적용된다면, 설계자 입장에서 이건 수고만 많고 수익은 적은 '손해 보는 일'이 되는 것이다.

이런 이유로, 국내 건축 설계업계에는 일정 규모 이하의 주택에 대해 '소형 주택 할증'이라는 불문율이 있다. 이 할증은 현실적으로 건축사의 손해를 보전하려는 조치지만, 결과적으로는 작은 집을 짓고 싶은 사람에게는 불합리한 장벽이 되곤 한다. 예산이 적고, 면적이 작다고 해서 설계의 가치가 낮아지는 것은 아니다. 오히려 그 안에 들어가는 '아이디어의 밀도'는 훨씬 높다.

이런 상황에서 문득 궁금해졌다. 왜 외국에서는 작은 집들이 그렇게 다양하고, 자유롭게 존재할 수 있는 걸까? 프랑스나 독일, 북유럽 국가들을 보면, 우리보다 훨씬 오래전부터 소형 주택에 대한 제도적 장치와 문화적 수용력이 높았다. 예를 들어 프랑스에서는 $20m^2$ 이하의 소형 주택은 별도의 건축 허가 없이 건축이 가능하고, 독일이나 덴마크, 핀란드 등은 '작은 집'을 실험적 디자인이나 창의적 생활양식으로 존중해왔다. 그들에게 '작은 집'은 실패의 결과가 아니라, 선택의 결과다. 기후와 풍토에 따라 다르지만, 대다수 유럽 국가에서는 전원 지역에 세컨드하우스를 짓거나, 자급자족형 타이니 하우스를 들이는 문화가 이미 뿌리내려 있다.

러시아의 '다챠' 문화가 대표적인 예다. 소련 시절부터 이어진 다챠는 노동자 계층에게도 무상으로 분양될 만큼, '작은 별장'이 일상의 일부로 자리

잡은 문화적 유산이었다. 다챠는 단순한 주거 공간이 아니라, 자급자족의 삶, 가족과의 여유, 사유와 노동이 어우러지는 공간이었다. 그래서 작아도 괜찮았고, 오히려 작아서 더 인간적이었다.

또 하나의 차이는 건축가들의 태도였다. 우리나라에서는 '작은 집'은 시장성이 낮고 리스크가 높다고 판단되지만, 유럽의 많은 건축가들은 이를 하나의 창의적 도전과 실험의 장으로 여긴다. 좁은 부지, 제한된 예산, 독특한 요구 조건이 오히려 그들의 설계 역량을 자극하고, 그것을 작품처럼 다룬다. 그래서 우리는 종종 언론이나 건축 잡지를 통해 절벽 위의 목재 캐빈, 숲속 트리하우스, 호숫가의 1인용 유리집 등을 보게 되는 것이다.

그런 집들에는 분명한 메시지가 있다.

"주거란 면적이 아니라 내용이다. 공간의 크기가 아니라 삶의 질이 중요하다."

하지만 한국은 아직 그렇지 못하다. 우리는 여전히 '평수'와 '재산가치'로 집을 판단하는 프레임에 갇혀 있다. 작은 집은 투자 가치가 없고, 건축가의 실적이 되지 못하며, 제도적으로도 복잡한 규제를 많이 받는다. 심지어 금융기관에서도 소형 주택에 대한 담보 가치를 낮게 평가하기 때문에 작은 집을 지으려는 사람은 이중, 삼중의 벽에 부딪히게 된다. 그래도 나는 포기하지 않았다. 나는 알고 있었기 때문이다. 내가 원하는 집은 '큰 집'이 아니라, 내가 원하는 삶을 담을 수 있는 집이었다. 나의 라이프 스타일, 나의 자유, 나만의 리듬. 그것을 오롯이 담기 위해선 오히려 '작은 집'이어야 했다. 작고 정교한, 단단하고 자율적인 그 집 하나를 나는 포기할 수 없었다.

09
프리컷을 만나다

 작은 집을 짓는 일이 한국에서는 이렇게까지 어려울 줄은 몰랐다. 하지만 나는 포기하지 않았다. 기존 방식이 안 된다면, 다른 길을 찾으면 되는 일이었다. 광고인이었던 나는 다시 '탐색자'의 눈으로 돌아갔다. 국내외 웹사이트를 뒤지고, 건축 커뮤니티를 들여다보며, 유럽과 미국, 일본의 다양한 사례들을 샅샅이 조사하던 중 어느 날, 마침내 운명처럼 하나의 개념과 마주하게 된다.

 바로 프리컷(Precut)이라는 방식이었다. 프리컷은 말 그대로 '미리 자른다'는 뜻의 건축 방식이다. 공장에서 정밀한 설계를 바탕으로 구조 목재를 사전 제작·절단한 뒤, 현장에서는 일종의 조립식 블록처럼 맞춰 짓는 구조다. 쉽게 말하면, 집을 짓는 이케아 시스템이라고 해도 과언이 아니다. 사용자는 설명서에 따라 부품을 조립하면 되고, 복잡한 가공이나 현장 작업이 줄어든다. 내가 구상한 작고 단순하지만 감성 있는 집에 딱 맞는 솔루션이었다. 프리컷 방식은 특히 목조 건축의 전통이 깊은 유럽에서 활성화되어 있다. 스웨덴, 핀란드, 오스트리아, 독일 같은 나라에서는 이미 1970년대부터 표준화된 목재 가공 시스템과 CAD 설계 기반의 자동 프리컷 설비가 도입되었다. 이들은 산업화된 주택 시장에서 비용 절감, 시공 속도, 품질 안정성이라는 세 마리 토끼를 잡기 위해 프리컷을 필수 시스템으로 정착시킨 것이다.

왜 유럽에선 프리컷이 빠르게 확산되었을까? 이유는 명확하다. 첫째는 '고비용 구조의 노동 시장' 때문이다. 유럽은 인건비가 매우 높은 편이다. 예를 들어 스웨덴에서는 목수가 하루 400~500유로(60만 원 이상)를 받는 게 일반적이다. 이런 환경에서는 집을 현장에서 일일이 재고 자르는 방식은 비효율 그 자체다. 그러다 보니 자연스럽게 공장 기반의 자동화 생산, 즉 프리컷 시스템이 발달했다.

둘째는 '산림 자원의 활용과 지속 가능성' 때

문이다. 핀란드와 오스트리아는 자국의 산림을 기반으로 한 목재 산업이 매우 강하다. 이들은 CLT(Cross Laminated Timber), Glulam(Glue-Laminated Timber) 등 친환경 고성능 목재를 개발하며 지속가능한 건축 문화를 형성했다. 프리컷은 이 구조 목재들을 가장 효율적으로 활용할 수 있는 방식이었다.

셋째는 '셀프빌드' 문화의 뿌리 때문이다. 영국, 독일, 네덜란드 등에서는 1980년대부터 주민이 직접 주택을 기획·설계·시공하는 '셀프빌드(Self-build)' 운동이 활발했다. 이 운동은 자연스럽게 단순한 시공, 빠른 완공, 낮은 비용을 추구하게 만들었고, 프리컷 방식은 그 모든 조건을 만족시킬 수 있었다.

독일의 바이로이트(Bayreuth) 지역에서는 '프리컷 마을'이라 불리는 커뮤니티도 생겼고, 핀란드의 Honka 같은 목조 주택 브랜드는 아예 전 세계로 프리컷 키트를 수출하고 있다. 심지어 일본 역시 지진에 강한 고정밀 구조재를 제작하며 '프리컷 산업'을 별도의 영역으로 발전시켜 왔다.

이런 정보들을 수집하면서 나는 속으로 쾌재를

불렀다. 이거라면 가능하다. 공장에서 미리 제작된 목재 부품을 한국으로 들여와 조립만 하면 나만의 오두막을 지을 수 있다는 가능성. 심지어 그 구조는 현대적이면서도 전통적인, 정서적으로도 설득력 있는 방식이었다. 나는 즉시, 해외의 프리컷 전문 공장을 찾아보기 시작했다. 핀란드, 오스트리아, 독일, 슬로베니아... 각국의 건축자재 업체, 목조 전문 제조사들의 홈페이지를 샅샅이 뒤졌다. 그리고 여러 통의 메일을 보냈다. 마침내, 유럽의 프리컷 공장에서 답장이 왔다.

"한국에서 이런 요청을 받은 건 처음입니다. 매우 흥미롭네요. 도면을 보내주시면 기술 검토 후 견적 드리겠습니다."

이메일을 읽는 순간, 나는 정말 가슴이 뛰었다. 마치 깊은 겨울 숲속에서 처음 불빛을 발견한 기분. 이제, 내 오두막을 현실로 만드는 여정이 진짜로 시작된 것이다.

프리컷은 단순한 건축 기술이 아니었다. 그건 건축을 더 많은 사람들에게 열어주는 철학이었다. 누구나 자기만의 집을 가질 수 있다는 가능성, 그리고 그 집이 삶을 더 자유롭고 즐겁게 만들어줄 수 있다는 믿음. 프리컷은, 나 같은 작은 집의 꿈꾸는 자들에게 열린 창문이었다. 그리고 나는, 그 창문을 열 준비가 되어 있었다.

10
공장 속에 지어진 나의 집

프리컷 공장에 집을 의뢰하려면, 내가 구상한 아이디어를 단순한 스케치 수준이 아닌, 정확한 수치와 면적이 명시된 건축도면으로 바꿔야 했다. 하지만 앞서 경험했듯, 국내에서 작은 집 설계를 맡아줄 건축사를 찾는 건 쉽지 않은 일이었다. 결국 나는 수소문 끝에 건축 설계를 전문적으로 도와주는 프리랜서 도면 작업자를 찾았고, 그에게 내 손으로 그린 그림과 세부 수치, 공간 구성 아이디어를 상세히 전달했다. 내가 의도한 생활 동선과 공간 활용의 리듬, 그리고 작은 집이지만 꼭 담고 싶은 감성까지 함께 설명하며, 단순한 설계가 아닌 '나만의 방식'을 반영해달라고 요청했다.

며칠 후 도착한 도면 초안. 도면 파일을 여는 손끝이 떨렸다. 평면도, 입면도, 단면도, 좌우측면도까지 빼곡하게 들어찬 선들과 수치. 그 안엔 단순한 치수가 아니라 내가 살고 싶은 삶의 형태가 들어 있었다. 나는 마치 '스스로 집을 설계한 사람'이 된 듯한 감동에 휩싸였다. 이건 그냥 집이 아니라, 내 생각과 감정, 일상의 우선순위가 설계된 공간이었다.

도면 작업이 끝나자, 나는 곧바로 3D 전문가를 찾아 설계도를 입체 시뮬레이션해줄 것을 의뢰했다. 며칠 후, 게임 속 건축 시뮬레이션처럼 생생한 3D 모델이 완성되어 도착했다. 마우스로 천천히 돌려가며 화면 속 집 안을 들여다봤다. 가상공간 속 나의 오두막은 정말 '살 수 있을 것 같은 현실감'으로 다가왔다. 주방 조리대의 높이, 벽면의 창 배치, 다락 침실로 오르는 계단의 각도까지. 전부 직접 테스트하듯, 하나하나 살펴보고 조율했다. 이 순간, 나는 미래의 내 삶을 시뮬레이션하고 있었다.

설계도와 3D 모델이 완성되자, 나는 이 자료들을 공장에 보냈다. 공장의 담당자와는 이메일과 영상통화로 수차례 소통을 이어갔다. 실무적인 디테일부터, 목재의 질감과 색상까지 조율해야 했다. 담당자는 내 디자인에 큰 흥미를 보였고, 정성껏 검토해주었다. 약 한 달 후, 내게 도착한 메일에는 여러 장의 사진이 첨부되어 있었다.

그 사진을 본 순간, 나는 자리에서 벌떡 일어났다. 공장 한복판에 내가 디자인한 집이 '그대로' 서 있었다. 내가 보낸 설계도대로, 목재 프레임부터 창문 위치까지 오차 하나 없이 완성된 모습이었다. 너무 놀라서 사진을 몇 번이나 반복해서 들여다봤다. 도저히 참을 수 없어 곧장 휴가를 내고, 직접 그 공장으로 향했다.

도착한 공장에는 정말, 내가 상상했던 그 집이 실물로 서 있었다. 나무로 지어진 단 하나의 집. 그것은 공장 내부의 풍경이 아니라, 마치 세트장 한가운데 떠 있는 내 작은 성 같았다. 담당자는 반갑게 맞이하며 도면과 실물을 하나하나 비교해 설명해주었다. 나는 집 안으로 들어가 앉아보고, 누워보고, 서서 창밖을 바라봤다. 공간을 걸으며 그 과정에서 몇 가지 조정이 필요하다는 것도 알게 되었다. 예를 들어, 주방쪽 창문은 약간 낮아서 싱크대를 설치하면 요리할 때 부담이 될 것 같았고, 다락에 있는 창문은 햇살의 방향을 고려해 약간만 이동시키는 게 더 좋겠다는 판단이 들었다. 다행히 큰 구조 변경 없이 해결할 수 있는 사항들이었고, 현장 기술자들은 흔쾌히 수정에 들어가 주었다.

　이 경험은 단순한 시공 검수가 아니었다. 그 자체로 하나의 '건축 수업'이자 '삶을 바라보는 훈련'이었다. 공장은 내 생각을 실물로 바꿔주는 실현의 장이 되었고, 나는 그 속에서 또 하나의 세계를 경험하고 있었다.

이 과정을 통해 나는 전혀 새로운 인프라를 갖게 되었다. 내 아이디어를 그림으로 표현하고, 그 그림을 도면으로 만들고, 공장에서는 그 도면에 맞춰 자재를 선가공해 실제 집을 먼저 조립해주며 실물을 검토한 뒤 수정까지 마친 후, 최종적으로 해체해 포장하여 설치 장소로 보내주는 방식. 그것은 말 그대로 '나만의 모듈형 하우스 시스템'이었다.

　광고를 만들 듯 나는 집을 만들었다. 수십 개의 아이디어 중 최적의 콘셉트를 선택하고, 시안을 그리고, 프리젠테이션을 하고, 실제 제작에 돌입하듯. 이 과정은 나에게 단순한 주택 건설이 아니라, 창조의 경험이었다. 그리고 그 창조의 결과물이 '눈앞의 집'으로 구현되는 그 감동. 나는 그 순간, 내 인생에서 또 하나의 전환점을 맞이했다.

이제 나는 그림만 그리면 집이 만들어지는 시스템을 갖게 된 것이었다. 그리고 그 그림 속에는 내 철학과 취향, 시간의 리듬과 감정이 고스란히 녹아 있었다.

11
무역업자로 변신하다

 공장에서 내 집이 지어진 순간, 다음 과제는 그 집을 한국으로 가져오는 일이었다. 말이 집이지, 사실은 수십 개의 구조재와 부품들로 분해된 반조립 상태의 건축 키트였다. 목재 구조물, 창호, 마감재, 하드웨어 부품까지, 꼼꼼하게 포장된 이 집은 이제 배를 타고 바다를 건너야 했다.

 하지만 이 과정은 단순한 운송이 아니라 엄연한 국제 무역 업무였다. 그것도 초보자에게는 만만치 않은 과정이었다. 나는 어느 날 갑자기 '광고인'에서 '수입업자'로 변신하게 된 것이다.

 가장 먼저 부딪힌 것은 '보호수종' 문제였다. 우리나라에는 「야생생물 보호 및 관리에 관한 법률」에 따라 수입이 금지되거나, 제한되는 수종이 존재한다. 이를 모르고 수입했다가 국내 항만에서 전량 폐기, 혹은 소각 처분을 당하는 사례도 있다. 단 한 번의 실수로 수천만 원이 날아갈 수 있는 무시무시한 리스크였다. 나는 긴장된 마음으로 공장 측에 이메일을 보냈다. 사용한 목재의 정확한 수종(species), 가공 방식, 방부 처리 여부, 산지 증명서(Certificate of Origin), 식물검역(PQ) 관련 서류 일체를 요청했다. 공장에서는 스프루스(spruce, 가문비나무)와 파인(pine, 소나무) 등 수입 통관이 가능한 침엽수만을 사용했다는 답과 함께, FSC 인증과 가공처리 증명서, 수출용 제재목 증명서 등 필요한 서류를 신속히 제공해주었다.

특히 중요한 것은 산지증명서였다. 이 문서는 해당 목재가 어떤 국가에서 생산되었는지를 입증하는 서류로, 관세율 결정과 통관 승인에 핵심적인 역할을 한다. '유럽 연합(EU)' 인증이 있다면 FTA(자유무역협정) 적용이 가능하여, 수입 관세가 면제되거나 인하될 수 있는 장점도 있었다.

또한 식물 검역 관련 서류도 까다로웠다. 살아있는 해충이나 병해가 목재에 묻어 들어오는 것을 막기 위해, 열처리(Heat Treatment)나 훈증 처리

(Fumigation)가 필수였고, 이를 증명하는 ISPM-15 마킹이 목재 포장에 반드시 찍혀 있어야 했다. 이 절차가 누락되면 세관에서 즉시 보류되며, 보충 소독, 전량 반송, 혹은 폐기라는 최악의 상황도 발생할 수 있었다.

무사히 서류를 확보한 뒤에는 본격적으로 포워딩 업체(국제 운송 대행사)와 관세사를 섭외했다. 이들은 마치 다른 차원의 전문가들이었다. 나의 언어는 광고였지만, 이들의 언어는 B/L(Bill of Lading), HS CODE, CIF/FOB, Demurrage, Container Manifest 같은 무역 전문 용어들이었다. 나는 그 모든 단어를 메모장에 하나하나 정리해가며, 마치 초등학생처럼 수업을 받듯 배웠다.

수입신고에는 수입신고필증, 상업송장(Commercial Invoice), 패킹리스트(Packing List), 운송장(B/L), 산지증명서, 검역증명서, 보험 증서 등이 필요했고, 이 모든 서류가 정확하게 맞물려야만 세관의 통관 승인이 떨어졌다. 하나라도 틀리면, 컨테이너는 항구에서 발이 묶였고, 하루하루 보관료(디머리지)가 쌓였다. 실수 하나가 몇 백만 원의 손실로 이어질 수 있는 세계.

 광고판을 기획하던 내가, 이제는 선적 명세서를 검토하고, 통관 코드를 확인하고, 해상 보험을 계산하고 있었다. 그 과정은 힘들었지만 이상하게도 즐거웠다. 왜냐하면 이 모든 일이, 내가 원하는 집 한 채를 갖기 위한 일이었기 때문이다.

 사실, 나는 이 과정을 통해 집을 수입한다는 건 단지 구조물을 들여오는 게 아니라, 그 집을 완성하기 위해 내가 얼마만큼 새로운 세계를 열고 들어갔는가의 증명이기도 했다.

 나는 이제 '디자인한 집을 수입까지 한 사람'이라는 독특한 이력을 갖게 되었다.

12
거대한 선물

얼마 후, 관세사로부터 기다리던 연락이 왔다.

"화물이 인천항에 도착했습니다."

드디어, 내가 디자인하고, 설계하고, 주문했던 나의 작은 집이 긴 여정을 마치고 한국 땅에 도착한 것이다. 설렘과 긴장이 교차한 채 인천항으로 향했다. 통관이 완료된 화물은 무려 길이 6m, 폭 2.4m, 높이 2.2m에 달하는 거대한 나무 박스였다. 바닥

은 견고한 합판, 상판과 측면은 방수 처리된 원목 판재로 단단히 봉인되어 있었고, 측면엔 큼지막하게 내 이름과 수취처가 인쇄되어 있었다. 나는 놀랄 수밖에 없었다.

"사람이 살 수 있는 진짜 집이, 어떻게 이 나무 박스 하나에 다 들어 있는 거지?"

박스를 내리기 위해 준비된 것은 대형 지게차와 10톤 트럭 한 대였다. 현장에서 모든 장비가 움직이고, 목재 박스가 조심스럽게 내려지는 그 순간, 나는 마치 오랜 항해를 마친 보물선이 귀환하는 것을 맞이하는 기분이었다.

포장을 풀기 전부터 가슴이 뛰었다. 과연 안에는 어떤 모습으로, 어떤 방식으로 자재들이 담겨 있을까? 조심스럽게 상단 패널을 열자, 나는 감탄을 금할 수 없었다. 포장 내부는 마치 정밀 기계의 내부 설계도를 그대로 옮겨 놓은 듯 치밀했다. 가장 위에는 집의 하부 구조를 구성하는 기초 프레임과 바닥보(joist)가 묶음 단위로 정렬되어 있었다. 이들은 모두 길이와 각도가 사전 가공된 상태였고, 연결 부위마다 금속 브라켓과 번호 스티커가 부착되어 조립 순서를 안내하고 있었다. 그 아래에는 벽체를 구성하는 수직재(스터드)와 가로보, 그리고 이들을 지지할 림보와 헤더 등이 층층이 배열되어 있었다. 각 목재에는 정확한 치수와 조립 위치가 표시되어 있었고, 마치 레고 블록처럼 쌓기만 하면 구조체가 만들어지게끔 설계되어 있었다.

지붕재는 별도의 슬라이딩 프레임으로 안전하게 고정되어 있었다. 삼각 형태의 박공지붕 트러스 구조는 공장에서 이미 조립된 채 접이식으로 고정되어 있었고, 펼치면 곧바로 형태를 잡을 수 있도록 되어 있었다. 이와 함께 2층 바닥 프레임과 계단 모듈, 처마 구조재, 지붕 용마루 보 등도 별도 단위로 정리되어 있었으며, 습기 방지를 위한 실리카겔과 방습지로 보호되어 있었다.

자재 사이에는 완충용 우레탄 폼이 정밀하게 삽입되어 있어 이동 중의 충격이나 쏠림도 방지되도록 세심하게 고려되어 있었다. 유리창 프레임은 나무로 짠 보호 케이스에 들어 있었고, 창짝은 한 장 한 장 보호 필름으로 감싸져 긁힘 없이 도착했다. 지붕 마감재(아스팔트 슁글), 방습지, 고정 브라켓, 철물 패키지, 각종 피스와 결합 플레이트, 전기 배선용 관, 창문틀, 도어프레임, 계단 난간 등도 각각 박스에 나눠 담겨 있었다.

이 포장은 단순한 운반용 포장이 아니었다. 그 자체로 하나의 '조립 순서도'였고, 효율성의 예술이었다. 가장 먼저 꺼내야 할 부품이 가장 위에, 마지막 마감재는 가장 아래에, 조립 흐름에 따라 기가 막히게 구성되어 있었다. 나는 이 박스를 '거대한 레고 박스'라고 부르고 싶었다. 단순한 재료 묶음이 아니라, 누군가의 삶을 담을 집이 정확하게, 질서 있게, 세심하게 들어 있는 커다란 선물. 나만을 위한, 세상에 하나뿐인 라이프박스.

이 박스는 바로 경기도 광주에 준비한 나의 땅으로 운송되었다. 이 거대한 나무 상자는 내 인생에 있어 가장 아름답고 정교한 선물이었고, 이제 나는 그것을 하나하나 꺼내어 조립할 시간만을 기다리고 있었다.

13
생애 최초로 내가 지은 집

 나는 이제 이 재료들을 조립해, 공장에서 보았던 그 집을 내 토지 위에 다시 세워야 했다. 그 일을 위해 나는 또 새로운 스텝들을 찾아야 했다. 시공 회사를 통째로 고용하기보다는, 꼭 필요한 기능공들을 하나하나 직접 섭외했다. 큰 건물이든 작은 집이든 결국 그 안에서 일하는 기술자들은 같다. 단지 규모의 차이일 뿐. 오히려 작은 집은 더 정교한 접근이 필요했다.

 이 원목 하우스를 짓는 데 가장 중요한 역할은 목수였다. 여러 명의 목수와 면접을 거쳐, 긍정적인 마인드를 지닌 목수 팀을 섭외했다. 이외에도 전기, 설비, 단열, 방수 등 각 분야의 기능공들을 불러 모아 나만의 시공팀을 구성했다. 이름하여 외인구단. 정식 시공팀은 아니지만, 내 집 하나를 위해 급조된

이 팀은 나에게 든든한 동료들이 되었다.

드디어 뜨거운 여름날, 잡풀이 무성하던 광주의 마당에서 내 생애 최초의 건축이 시작되었다. 첫 삽을 뜨는 순간, 나는 이 기회를 통해 집짓기를 제대로 배우겠다는 다짐을 했다. 가능하면 직접 몸으로 참여하고, 필요한 장비는 하나하나 사서 익혔다. 못질 하나, 톱질 하나도 소중한 공부였다.

이 집은 조립식 구조였지만, 건축의 모든 개념을 품고 있었다. 미리 설계된 프리컷 구조재는 각 부위별로 번호가 붙어 있어, 설명서만 보고도 퍼즐 맞추듯 조립할 수 있었다. 벽, 바닥, 지붕, 창호, 내부 단열재, 계단 구조까지 정교하게 준비된 키트였다. 말하자면, 이 집은 나에게 '조립 가능한 건축'이라는 새로운 패러다임을 보여준 것이었다.

예를 들어, 집의 기초는 기존의 콘크리트 타설 대신, H형 철제 기초 위에 나무 보를 얹는 방식으로 진행되었다. 평탄화를 마친 땅 위에 수평을 잡고 H빔을 설치한 후, 그 위에 프리컷 구조목을 조립해 바닥 프레임을 짰다. 이후 바닥 단열재와 방수 시트를 설치하고, 다시 OSB 합판을 덮어 견고한 바닥 구조를 만들었다. 이 작업만 해도 수평계와 레벨기를 들고 미세한 차이를 조정해야 했다.

기둥과 벽체 조립도 쉽지 않았다. 무더운 날씨 속에서 땀을 뻘뻘 흘리며 팀원들과 함께 기둥을 세우고, 보를 올리고, 한 조각씩 집의 형태를 완성해 나갔다. 수직을 맞추기 위해서는 임시 가새를 걸어가며 레이저 수평기로 측정하고, 구조목 사이의 간격도 규격에 맞게 확인했다. 창틀은 미리 가공된 프레임을 끼워넣고, 실리콘과 우레탄폼으로 기밀을 잡았다.

나는 가능하면 모든 공정에 참여하며 기술자들의 손끝을 관찰했다. 매일이 공부였고, 매일이 도전이었다. 그렇게 해서 불과 20여 일 만에, 내 생애 최초의 집이 완성되었다.

1층 3m×5m, 약 4.5평. 2층 3m×3.5m, 약 3.2평. 총 7.7평짜리 2층 원목 하우스. 웬만한 거실 하나만 한 크기의 땅에 2층 집이 우뚝 섰다. 오랫동안 머릿속에서 자라온 내 집이, 이제는 현실 속에서 있었다.

전문가가 아니었기에 모든 게 처음이었지만, 프

리컷 시스템 덕분에 집짓기는 생각보다 명료한 작업이었다.

함께한 기능공들 중에는 30년 이상 경력자도 있었는데, 그들도 이 방식에 놀라워하며 감탄을 아끼지 않았다. "이거 정말 기가 막히네요."라며 웃던 목수의 표정을 잊지 못한다. 조립으로도 이렇게 제대로 된 집을 지을 수 있다는 것. 나도 처음에는 믿기 어려웠지만, 눈앞의 결과가 그 모든 것을 증명해 주었다.

나는 이 경험을 '세제곱의 비밀'이라 부른다. 수학 시간에 배운 점·선·면·입체의 개념을, 나는 몸으로 이해하게 된 것이다. 처음엔 바닥 위의 선 하나, 기둥 하나였던 것이, 어느새 면이 되고, 마침내 입체가 되어 내 집이 되었다. 그것이 바로 세제곱이었다.

3m×5m 바닥을 그려보면 알 것이다. 오징어게임 한 판 정도 가능한 이 작은 공간에, 그토록 온전한 집이 들어섰다는 사실. 작지만 기능적인, 작지만 당당한, 나만의 첫 번째 집이 완성된 순간이었다.

14
집의 검증

드디어 집이 완성됐다. 가장 먼저 확인하고 싶었던 건, 내가 꿈꾸던 '노는 집'이 정말 가능하냐는 거였다.

내가 이 집을 짓기 전에 상상했던 장면들, 하나하나 실제로 해보기로 했다. 시뮬레이션이 아니라, 리얼 테스트. 시작은 현관문을 여는 순간부터였다. 문을 열고 들어가면 바로 욕실 문이 보이고, 반대편엔 계단이 있다. 가파른 나무 계단이 위로 뻗어 있고, 그 아래 자투리 공간에 싱크대가 들어갔다. 그 좁은 복도를 지나면 바로 거실. 맞은 편 벽은 10도쯤 기울어져 있는데, 그 벽엔 1층과 2층을 동시에 비추는 커다란 창이 자리 잡고 있다. 밤하늘 보기 딱 좋은 위치다. 천장은 높아서 시원하고, 거실 전체가 탁 트인 느낌이다. 주방 쪽 벽엔 테라스로 연결되는 창이 하나 있다. 이건 평소엔 그냥 창인데, 야외 식사를 할 땐 바(bar)처럼 쓴다. 안에서 요리하고 바로 창으로 밖에 있는 사람들에게 건네줄 수 있다. 쇼파베드와 작은 소파 하나, 낮은 테이블까지 놓으니 여기선 영화도 보고, 얘기도 하고, 멍 때리기도 좋다.

2층은 침실 공간. 계단을 올라가면 퀸사이즈 침대가 놓여 있고, 천장도 높고 창도 커서 생각보다 훨씬 넓게 느껴진다. 침대 옆 계단이 끝나는 곳에는 '누워있는 문'이 있어서 1층과 분리할 수 있다. 그래서 두 팀도 동시에 사용할 수 있다. 침대 맞은편엔 스크린이 있고, 1층 계단 쪽 벽에 빔프로젝터를 맞춰서 누워서 영화도 본다.

드디어 검증 시작. 비 오는 날, 거실 쇼파에 누워 커다란 창으로 흘러내리는 빗방울을 바라봤다. 따뜻한 얼그레이 한 잔. 바깥은 조용하고, 안에는 나무 냄새 가득. 그냥 멍하니 앉아 있는 게 이렇게 좋을 줄이야. 햇빛이 강한 날엔 2층으로 올라가 암막 커튼을 치고 침대에 누웠다. 간접광이 은은하게 들어오고, 향기나는 오일 디퓨저 덕에 눈도 감기고 기분도 편안했다. 딱 내가 원하던 휴식이었다.

어느 날은 2층 책상에 앉아 스케치북을 펼쳤다. 예전에 다녀온 여행, 지어보고 싶은 또 다른 오두막, 이동식 캠핑카... 이런저런 상상을 펜으로 그렸다. 현실 같기도 하고, 꿈 같기도 했다.

주말엔 수산시장에서 조개랑 갑오징어를 조금 샀다. 냉장고가 호텔에 있는 미니형이다보니 늘 즉석 요리.

어느 날 밤엔 침대에 누워 스크린을 켰다. 빔프로젝터가 벽을 가득 채우고, 불을 끄면 마치 작은 영화관이 된다. 영화 속 음악이 나무 벽에 퍼지면서, 내 공간이 진짜 살아 움직이는 느낌. 이건 단순한 오두막이 아니라, 제대로 된 라이프스타일 플랫폼이었다. 그리고 깨달았다. 나는 내가 하고 싶던 모든 걸 해봤고, 그 이상을 경험했다. 계획에 없던 즐거움까지 따라왔다. 머무를수록, 사용할수록, 이 집은 점점 더 내게 맞춰졌다. 이건 단순한 7평짜리 2층 나무 구조물이 아니었다. 이건 내가 상상하고 실행한 실험실이자, 무대이자, 나를 위한 최고의 공간이었다.

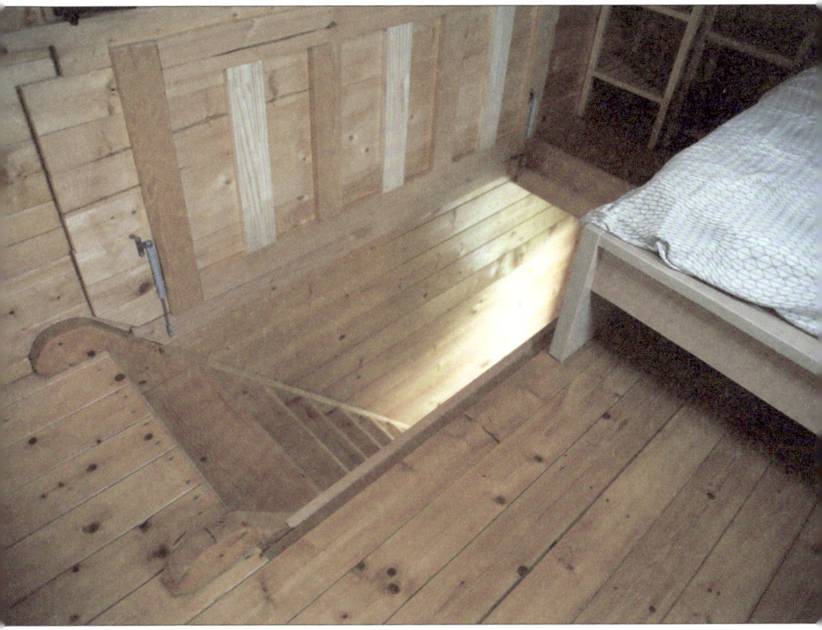

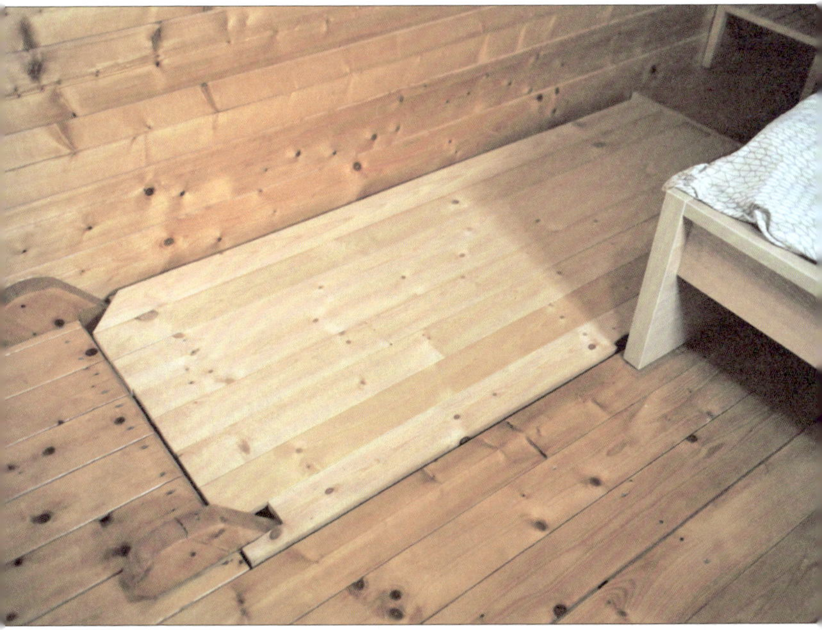

15
진짜 주택을 짓다

 첫 번째 집은 사실 '집'이라기보단 오두막, 혹은 농막에 가까웠다. 내 생애 최초의 집이었고, 내가 직접 지은 집이었으며, '사는 집'보다는 '노는 집'으로서의 목적이 강했기 때문에 일단 성공적으로 완성하는 것이 우선이었다. 그래서 법적으로 집이라 부르기엔 다소 부족한 부분들이 있었다. 예컨대, 단열재를 따로 삽입하지 않았고 설비도 간소했지만, 두꺼운 원목을 사용해 기본적인 단열은 됐고, 워낙 작아 냉난방도 에어컨 하나로 충분했다. 그러나 이 집은 정식 주택으로 불릴 수는 없었다.

 이번엔 마음먹고 '진짜 집', 즉 정식 인허가를 받을 수 있는 집을 지어보기로 했다. 이유는 간단했다. 그래야 집짓기의 전 과정을 온전히 배울 수 있을 것 같았기 때문이다. 일종의 배움의 가속화를 기대한 거다. 단순히 '작은 집을 갖고 싶다'는 로망에서 시작된 여정이, 이제는 훨씬 더 깊고 전문적인 시도와 체험으로 진화하고 있었다.

두 번째 집짓기는 당연히 복잡하고 배울 게 많았다. 특히 인허가 문제와 토지 공부는 필수였다. 우선 정식 주택으로 인허가를 받기 위해서는 '건축법' 및 '건축물대장의 기재 요건'을 충족해야 한다. 주택으로 인정받으려면 단열, 방수, 난방 설비는 물론이고, 부엌, 욕실, 화장실 같은 필수 공간이 법적으로 구비되어 있어야 한다. 또한 건축면적, 높이, 구조 기준 등도 명확히 지켜야 한다.

정식 집을 짓는다는 건 결국 집짓기의 본질을 공부한다는 뜻이었다.

이번 집은 크게 두 가지 방향성을 설정했다. 첫 번째는 '면적 효율의 극대화'였다. 법적으로 허용된 건축 면적은 최소화하되, 실제 사용하는 공간은 최대화하는 것이 과제였다. 이를 위해 법적 요건을 꼼꼼히 분석했고, 용적률 계산에 포함되지 않는 다락이나 테라스를 적극 활용하는 방법을 연구했다. 결과적으로 이 집은 1층 5.4평(3m×6m), 2층 5.4평 규모에 다락 기준에 맞는 경사 지붕을 적용해 법적 면적은 그대로 두면서도 실제 체감 면적은 훨씬 넓게 만들 수 있었다. 테라스를 크게 계획하고, 메인 거실의 창은 폴딩도어로 열 수 있게 해 거실 공간이 밖까지 확장되도록 설계했다.

두 번째 방향성은 '가변성의 극대화'였다. 작은 집의 가장 큰 단점은 좁은 공간이다. 하지만 이 단점을 시간과 상황에 따라 유동적으로 변할 수 있는 구조를 통해 극복해보고자 했다. 내가 광고회사 시절 자주 참고했던 '일본 생활 세시기 연구소'의 조사법을 차용했다. 이 방식은 타깃의 하루 24시간을 분 단위로 쪼개 분석해, 그 순간순간의 니즈를 파악해 마케팅에 적용하는 것이다. 이 방식을 내 집에도 적용해봤다. 나 자신도 몰랐던 생활의 패턴과 욕망을 들여다보는 실험이었다.

결국 3m×6m 평면의 2층 집이 탄생했다. 단 1m 차이였지만, 체감하는 공간의 여유는 놀라웠다. 두 집을 모두 방문한 지인들은 이 작은 차이를 믿지 못할 정도였다. 그 비결은 디테일에 있었다. 기울어진 벽체와 수직 벽체의 차이, 고정창과 개방되는 폴딩도어의 차이, 테라스를 통해 외부와 연결된 거실은 시각적으로도, 실제로도 공간감을 극대화시

켰다. 마치 광고에서 1초의 컷을 쪼개 고민하듯, 작은 집은 치밀한 사고와 크리에이티브한 설계가 필요하다.

16
타인의 집을 짓다

두 채의 집을 지어본 뒤, 어느 정도 자신감이 생겼다. 나는 내 힘으로 집을 지었고, 이를 통해 작은 집은 누구나 지을 수 있다는 걸 깨달았다. 사람들은 집을 짓지 못하는 이유로 자금이나 기술을 이야기하지만, 진짜 이유는 대부분 '방법을 모르기 때문'이다. 방법만 알면 누구든지 지을 수 있다. 그 깨달음이 내 안에서 점점 또렷해졌다.

이 세상 어딘가에도 분명, 나처럼 작은 자기만의 집을 꿈꾸는 사람들이 있을 것이다. 그들 역시 어디선가 망설이고 있을 것이다. 그렇다면 나는 그들에게 해법을 넘어서, 실제로 집을 지어줄 수도 있지 않을까?

내 두 번째 집을 완공하고, SNS에 사진 몇 장을 올린 어느 날, 한 사람에게서 메시지가 도착했다.

"혹시 이런 집, 저도 지을 수 있을까요?"

짧지만 울림 있는 질문이었다. 돌이켜보면, 그 말이 내 인생의 또 다른 문을 열어주었다. 그녀는 40대 초반의 여성이었고, 전공은 가야금이었다. 전통의 선율을 타고 흐르는 듯한 그녀의 말투와 감정선은 유난히 섬세하고 조용한 울림을 지니고 있었다. 도시의 일상에 지쳐 있던 그녀는 주말마다 조용히 머물 수 있는 자신만의 공간을 간절히 원하고 있었다.

"작아도 괜찮아요. 오히려 작아서 좋아요. 책을 읽고, 음악을 듣고, 아무것도 하지 않아도 되는 그런 집."

그녀의 말은 몇 년 전의 나를 떠올리게 했다. 그래서 곧장 답장을 보냈다. 그녀는 내 집과 똑같은 집을 짓고 싶다고 했다. 나도 이해했다. 작은 집을 꿈꾸는 사람에게 누군가 먼저 실현해낸 모델은 일종의 희망이기 때문이다.

가야금을 전공한 사람답게 그녀는 공간에 있어

서도 '여백'과 '울림'을 중요하게 여겼다. 그래서 우리는 내 집의 구조를 바탕으로 하되, 창문의 위치와 크기, 주방의 동선, 수납 방식 같은 세부적인 부분들을 그녀의 감성에 맞게 조율해 나갔다. 전체적인 형태는 같지만, 내부의 리듬은 완전히 달랐다. 단아하면서도 섬세한, 마치 한 곡의 가야금 산조 같은 집.

그렇게 해서 마침내 내 마당에 있는 집과 똑같은 집이, 그녀의 제주 땅 위에도 하나 더 지어졌다. 두 채의 집. 구조는 닮았지만, 서로 다른 감정을 품은 두 개의 세계. 내 집은 내 삶의 쉼터였고, 그녀의 집은 그녀만의 시간을 품은 안식처가 되었다. 두 집 사이엔 바다가 있었고, 계절이 달랐다. 그러나 집의 본질은 같았다.

그리고 그녀는, 내가 인생에서 처음으로 지어준 '타인의 집'의 주인이었다. 내 손으로, 내 방식으로 누군가의 삶에 공간을 만들어준 첫 번째 사람. 그래서일까. 그 집을 생각하면 지금도 마음 어딘가가 조용히 울린다.

17
광고쟁이가 지은 집

집을 짓고 나서야 깨달았다. 사실 나는, 이미 수많은 집을 지어온 사람이었다는 걸. 다만 그게 '진짜' 집이 아니었을 뿐이다.

내 첫 직장은 삼성그룹 계열의 광고회사, 제일기획이었다. 처음엔 광고기획자(AE)로 시작해, 나중엔 광고 제작을 총괄하는 크리에이티브 디렉터(Creative Director)가 되었다. 경제학과 출신의 내가 크리에이티브 디렉터가 된 것은, 광고계에서는 드문 일이었다. 보통은 국문과 출신의 카피라이터나 미대 출신의 디자이너가 꿈꾸는 자리였으니까. 하지만 운이 좋았다. 최우수 AE라는 상을 받았고, 그 상을 무기 삼아 회사에 요구했다. 그리고 마침내, 나는 크리에이티브 디렉터가 되었다.

크리에이티브 디렉터는 단순히 아이디어를 내는

사람이 아니라, 전체 프로젝트의 방향을 잡고 각 요소들이 하나의 통일된 메시지를 가지도록 설계하는 사람이다. 브랜드의 감정을 디자인하고, 소비자의 마음을 읽고, 한 장면 한 장면에 의도를 담아내는 직업이었다. 그 모든 과정이 사실상 '집을 짓는 일'과 다르지 않았다. 나는 그 안에서 늘 기획, 설계, 연출을 반복해왔다.

광고란 결국 사람의 숨겨진 욕구를 발견하고, 그 욕구를 매력적으로 비주얼화해 소비자에게 전달하는 작업이다. 쉽게 말해, "아, 이건 나를 위한 것이구나"라는 감정을 심어주는 일이다. 그래서 광고 속엔 우리가 꿈꾸는 삶의 모습이 자연스럽게 녹아든다. 그 속엔 늘 '집'이 있었다. 집은 단순한 배경이 아니라, 행복과 따뜻함, 안식과 연결되는 강력한 심상이다.

한번 상상해보자. '아이들에게 정성껏 요리한 음식을 주는 엄마'를 표현하는 광고. 햇살이 따사롭게 스며드는 주방, 아늑한 거실, 정갈하게 정돈된 식탁. 그런 장면을 위해 우리는 세트를 만든다. 광고 촬영을 위한 임시의 집, 즉 '세트'다. 이 세트는 촬영이 끝나면 철거되지만, 그 순간만큼은 소비자의 머릿속에 아주 강렬한 '이상적인 삶의 이미지'로 남는다.

그런 세트를 수없이 만들다 보니, 나도 모르게 공간을 연출하는 감각이 쌓였다. 공간의 빛, 구조, 배치, 분위기, 색채 하나하나가 어떤 감정을 유발하는지 무의식적으로 계산하게 되었다. 그리고 그것이 진짜 '집짓기'로 이어졌을 때, 나는 비로소 그 경험의 가치를 깨닫게 되었다.

진짜 집을 짓기 시작했을 때, 이 집을 짓는 사람의 삶은 어떤 리듬일까? 이 집에서 보내는 하루는 어떤 장면으로 이루어질까? 아침에 일어나 창문을 여는 순간, 커피를 내리는 주방의 구조, 저녁에 조명을 켜고 책을 읽는 공간의 감도. 하나하나를 콘셉트로 잡고, 그에 어울리는 설계와 디테일을 구상했다.

무엇보다 나는 집짓기에서도 기성의 도면이나 익숙한 방식보다, 어떻게 하면 더 새롭고 감각적인 공간을 만들 수 있을지 끊임없이 상상했다.

광고에서는 15초짜리 영상 하나를 만들기 위해

몇 주 동안 회의하고, 1초를 쪼개서 고민한다. 그것은 '짧지만 명확한' 메시지를 전달하기 위해서다. 집도 마찬가지였다. 작은 공간일수록 더 정교하게, 더 창의적으로 구성되어야 했다. 1㎡, 아니 1cm도 허투루 넘기지 않고 철저히 활용해야 하는 일. 마치 광고 스토리보드를 그릴 때, 장면 전환 하나하나에 의도를 담듯이, 집의 창 하나, 벽 하나에도 이야기를 넣었다.

나는 단순히 공간을 만드는 것이 아니라, 그 공간에서 살게 될 사람의 '하루'를 상상하고, 그 하루를 어떻게 가장 아름답고 의미 있게 만들 수 있을지를 고민했다.

그러면서 알게 되었다. 나는 기술자가 되고 싶은 게 아니었다. 나는 공간이 아니라 이야기를 짓고 싶었던 사람이었다. 사람들이 무심코 지나치는 일상 속에서도, 가장 깊은 감정을 품을 수 있는 공간. 그 공간이 주는 가치, 바로 그것을 만들고 싶었던 것이다.

18
프리홈의 탄생

 내가 짓고 싶고 갖고 싶은 집을 한마디로 정의한다면, '놀기 위한 작은 집'이었다. 이 말 속에는 두 가지 속성이 숨어 있다. 첫째는 용도적 속성, 즉 '놀기 위한'이라는 점이다. 사는 집이 아니라, 쉬고 놀기 위한 집. 둘째는 물리적 속성, 즉 '작은 집'이라는 점이다. 연속적인 삶을 위한 필수품이나 구조가 필요 없는, 오직 나만을 위한 공간이기 때문에 방이 여러 개일 필요도 없고, 넓을 이유도 없다. 이 두 속성은 내가 만들고자 한 집의 차별화된 정체성을 구성하는 핵심 개념이었다.

 집도 하나의 상품이다. 따지고 보면 인간이 사고 파는 상품 중 가장 크고 비싼 것이 바로 집이다. 나는 오랜 시간 광고인으로서 다양한 상품의 광고 제작과 마케팅을 경험했고, 시장에서 살아남는 상품은 반드시 경쟁자와 구별되는 확실한 정체성을 가져야 한다는 것을 알고 있었다. 그래서 이 '놀기 위한 작은 집'이 왜 사람들에게 필요하고, 왜 지금 시대에 맞는지를 분석해보았다.

"왜 사람들은 놀기 위한 작은 집을 갖고 싶어할까?"

   시대는 변하고 있었다. 욜로(You Only Live Once), 워라밸(Work and Life Balance), 그리고 소확행(작지만 확실한 행복). 욜로는 한 번뿐인 인생을 의미한다. 내일을 위해 오늘을 희생하기보다는, 지금 이 순간을 충만하게 살자는 철학이다. 워라밸은 일과 삶의 균형을 추구한다. 더 이상 회사와 일이 삶을 잠식하지 않도록, 개인의 시간과 가치가 존중받는 사회적 흐름이다. 그리고 소확행은 크지 않아도 확실한 행복, 일상에서 발견하는 작지만 찬란한 기쁨이다. 이 세 가지 키워드는 더 이상 유행어가 아니라 시대의 방향성이 되었고, 삶의 본질을 다시 돌아보게 만든 개념이었다.

   이러한 흐름을 따라가다 보면 한 가지 공통점이 떠오른다. 바로 '자유'다. 누군가의 기대나 사회의 기준이 아닌, 나만의 리듬과 방식으로 살아갈 자유. 그 자유는 돈으로 살 수 있는 것도, 사회적 위치로 얻을 수 있는 것도 아니다. 진짜 자유는 내가 원하는 것을 스스로 선택할 수 있을 때 비로소 생긴다.

나는 이 단어를 찾기까지 오랜 시간이 걸렸다. 워라밸, 욜로, 소확행… 이 단어들을 하나하나 곱씹으며 내가 만들고자 한 집의 본질을 고민했다. 그러다 어느 날, 머릿속에 불현듯 하나의 단어가 떠올랐다. 그것은 바로 '자유(Freedom)'였다. 단순하고 평범해 보였지만, 이보다 더 본질적이고 근본적인 가치는 없었다.

내가 만들고자 한 집은 그 자유를 위한 집이었다. 부자가 아니어도, 전문가가 아니어도, 어디서든, 누구든, 쉽게 지을 수 있는 집. 나만의 속도로, 나만의 방식으로, 내가 있는 삶의 방식에 맞춰 유연하게 설계하고 소유할 수 있는 집. 그 집은 물리적인 구조물이 아니라 삶의 방식이자 선언이었다.

그래서 나는 브랜드를 만들기로 했다. 자유를 담은 집, 'The House of Freedom'. 영어로는 FREEHOM. freedom이라는 자유에서 D를 home

을 상징하는 H로 바꾸어 FREEHOM이라는 브랜드를 만들었다. 프리홈은 단순한 주거 공간이 아니라, '자유로운 삶의 방식'을 제안하는 브랜드가 되고 싶었다. 그리고 그 브랜드의 4대 원칙은 다음과 같다.

1. 누구나 가질 수 있는 집 - **부자가 아니어도 가능하다.**
2. 누구나 지을 수 있는 집 - **건축가가 아니어도 가능하다.**
3. 어디에나 지을 수 있는 집 - **대지가 아니어도 가능하다.**
4. 언제 어디서나 관리할 수 있는 집 - **스스로도, 기술로도 가능하다.**

이것이 바로 프리홈의 정체성이다. 집이라는 물리적 공간을 넘어, 삶의 방식과 가치관을 제안하는 새로운 모델. 그리고 이 철학의 중심에는 단 하나의 단어가 있다. 자유(Freedom). 프리홈은 집을 짓는 기술이 아니라, 자유를 설계하는 브랜드다. 그것이 바로 '더 하우스 오브 프리덤'이 세상에 나온 이유다.

19
노는 집의 고객들

광고가 나가자마자 집을 짓고 싶다는 사람들이 하나둘씩 연락을 해왔다.

나는 마치 한 편의 광고를 만드는 것처럼, 고객의 니즈를 반영하여 집을 짓는 일에 빠져들었다. 광고쟁이는 본능적으로 이전에 없었던 무언가를 창조해내야 한다. 경쟁 제품이 수없이 많은 시장에서 살아남기 위해선 차별화된 콘셉트가 절대적으로 필요하기 때문이다. 나는 고객과의 대화를 통해 그들의 숨겨진 니즈를 찾아내고, 세상에 없었지만 이들의 무의식 속에서 오래도록 기다려왔던 집을 형태로 구현하고자 했다.

고객과의 만남은 늘 새로운 시작이었다. 그들의 말 속에 늘 답이 숨어 있었기 때문이다. 나는 그 이야기를 듣고, 이미지로 바꾸고, 형태로 구체화하는 일을 했다. 예를 들어, 그림을 그려본 적 없는 일반인에게 마음속에 있는 산을 그려보라고 하면 대부분은 조잡하고 어설픈 그림을 그릴 수밖에 없다. 생각을 시각화할 줄 모르기 때문이다. 그러나 화가에게 같은 과제를 준다면, 우리는 상상하지 못했던 멋진 풍경을 보게 된다. 나는 이 과정에서 고객의 머릿속에 있는 그 '산'을 찾아주는 역할을 했다.

고객의 니즈를 글로 정리하고, 스케치하며 생각을 구체화하고, 그 생각에 어울리는 레퍼런스를 제시하거나 3D 이미지로 형상화하여 보여주는 순간, 고객은 비로소 "아, 이게 내가 원했던 집이다!" 하고 깨닫게 된다. 이 확인 과정이 끝나면 이후의 작업은 상대적으로 수월하다. 도면화하고, 프리컷 제작사에 의뢰하여 자재를 만들고, 시공에 들어가면 된다.

제주도, 강원도, 경기도 등 다양한 고객들과의 만남이 이어졌다. 그중 기억에 남는 고객이 많지만, 세 가지 사례를 소개해보자.

첫 번째 의뢰인은 제주 바닷가에서 펜션을 준비하던 예술가 부부였다. 아내는 소설가 출신의 감성적인 작가였고, 남편은 인디 영화계에서 다큐멘터리로 수상 경력이 있는 감독이었다. 두 사람은 전혀 다른 결의 예술 세계를 지녔지만, 그 차이가 오히려 서로의 매력이라고 말할 만큼, 개성과 감성이 뚜렷한 사람들이었다.

이들은 단순한 숙박 공간이 아니라, 머무는 이들이 휴식과 영감을 동시에 얻을 수 있는 특별한 장소를 원했다. 처음엔 하나의 건물 안에 두 사람의 세계를 녹여보려 했지만, 그들의 결은 너무나 달랐다. 나는 직감했다. 이 두 사람의 감성을 억지로 하나의 공간에 녹여내기보다는, 각자의 세계를 온전히 살리면서도 서로를 마주볼 수 있는 구조가 필요하다고.

그래서 제안한 것이 '쌍둥이 하우스'였다. 두 채의 작은 집이 나란히 놓여 있으면서도, 그 중심에는 서로 마주 앉을 수 있는 야외 거실인 오픈 리빙룸을 두었다. 각자의 감성으로 꾸민 독립된 공간을 가지면서도, 따뜻한 날엔 나무 테이블에 마주 앉아 차를 마시거나, 벽에 영화를 투사해 함께 영화를 볼 수 있는 열린 공간. 떨어져 있지만 연결된 구조.

분리되어 있지만 함께하는 구성.

하지만 이 설계에는 감성뿐 아니라 치밀한 실용성도 숨겨져 있었다. 추후 펜션 운영을 고려했을 때, 한 팀이 오면 한 채만 빌려주고, 두 팀이 오면 두 채를 각각 사용할 수 있으며, 단체나 가족이 올 경우엔 중앙의 야외 거실까지 포함해 전체를 하나의 복합 공간처럼 활용할 수 있는 구조였다. 하나의 집처럼, 혹은 완전히 두 채의 집처럼. 상황에 따라 유연하게 변하는 이 설계는 그들에게 큰 만족을 주었다.

지금도 그들은 그 쌍둥이 집을 펜션으로 운영하며, 평범한 일상에 쉼표가 필요한 사람들에게도 영감을 전하고 있다고 한다.

두 번째 고객은 제주의 아름다운 바닷가에서 태국 레스토랑을 운영하는 부부였다. 남편은 어린 시절 사고로 한쪽 손을 잃었지만, 누구보다 당당하고 유쾌한 태국 요리 셰프였다. 요리를 할 때면 그의 눈빛에는 어떤 손보다도 더 깊은 감정이 담겨 있었고, 그 진심은 접시에 고스란히 전해졌다.

아내는 '사람을 따뜻하게 감싸는 사람'이었다.

말보다 미소가 먼저였고, 식물처럼 부드럽게 주변을 밝히는 사람이었다. 그녀와 있으면 누구든 마음이 풀어졌다. 나는 그를 보며 강인함의 품격을, 그녀를 보며 다정함의 힘을 배웠다.

무엇보다 인상 깊었던 건, 두 사람 사이의 관계였다. 부부라기보다는 평생을 함께한 남매 같기도 했고, 친구 같기도 했다. 말 한마디, 눈짓 하나에도 애정이 묻어 있었고, 서로를 배려하는 방식이 너무도 자연스러웠다. 두 사람 사이엔 설명할 수 없는 깊은 선율 같은 것이 흐르고 있었다.

그래서 나는 그들의 관계에서 모티프를 얻었다. '오누이처럼 나란히, 하지만 마음으로 연결된' 두 채의 집. 하나는 단층 4평, 하나는 2층 6평. 규모는 달랐지만, 둘 다 바다를 향해 나란히 놓여 있었다. 그 사이에는 작은 정원과 바람이 쉬어가는 오솔길을 두어, 서로의 기척을 느끼되 간섭하지 않는 거리감을 유지했다.

침대에 누우면 수평선 너머로 파도가 밀려오고, 창을 열면 바람에 실려 오는 바다의 소리와 식물의 향기가 공기를 채웠다. 두 집은 마치 조용히 손을 맞잡고 있는 오누이 같았다. 서로를 바라보지는 않지만, 같은 방향을 보고 서 있는. 존재만으로도 서로에게 위로가 되는 그런 거리와 구조.

그 집들을 짓고 나서 나는 처음으로 생각했다. 공간이 사람을 닮는 게 아니라, 때로는 사람이 공간이 되는 순간도 있다는 것을.

그리고 나는 그 순간 알았다. 내가 지은 건 단순한 숙소가 아니라, 두 사람 사이에 존재하던 사랑의 형체였다는 것을.

가장 인상 깊었던 고객은 창원에 사는 치과의사였다. 처음 만났을 때 그는 마치 패션 매거진에서

막 걸어 나온 사람 같았다. 완벽하게 재단된 이탈리아 슈트, 창원 시내에 단 한 대뿐이라는 고성능 슈퍼카, 그리고 은은하게 나는 고급 향수. 외모만 보면 예술가 같았지만, 실제 그는 치과 진료실 안에서 하루 대부분을 보내는, 일밖에 모르는 철저한 프로페셔널이었다.

그의 요청은 간결했지만 결코 단순하지 않았다.

"답답하지 않은 구조와 소재로, 혼자 음악을 즐길 수 있는 집을 지어주세요. 그리고 언제든 원하는 장소로 옮길 수 있도록, 바퀴를 달아주세요."

그에게 공간은 하나의 '악기 상자'였다. 울림을 품고, 이동할 수 있으며, 오롯이 자신만의 감상에 집중할 수 있어야 했다.

나는 그 요구를 듣고 한동안 멍하니 앉아 있었다. 그동안 많은 작은 집을 설계해왔지만, 이번은 전혀 다른 차원의 과제였다. 그래서 처음으로 나무가 아닌 '철 구조'를 선택했다. 소리의 반향을 일정하게 유지하면서도 이동에 강한 내구성을 확보하기 위해서였다. 내부는 편백나무로 마감했다. 천연 향이 감돌고, 항균 효과가 있어 건강에도 이로운 재료였다. 견고한 뼈대와 따뜻한 피부를 가진, 말 그

대로 조율된 구조체였다.

이 집은 내가 만든 첫 번째 바퀴 달린 집이었다. 설계부터 제작까지 모든 과정이 새로운 도전이었다. 광주의 프리홈 야외부지에서 완성된 이 작은 구조물은, 특별 제작된 트레일러에 실려 창원까지 긴 여정을 떠났다. 마치 무대를 옮기는 하나의 악기처럼.

설치 장소는 김해에 있는 부인의 세컨드하우스 마당. 부부는 서로의 공간을 존중하며 살아가는, 현대적인 거리감 속의 깊은 관계를 유지하고 있었다. 아내는 정원에서 꽃을 가꾸고, 그는 음악과 함께 그 작은 공간에 머물렀다. 간섭은 없었지만 교감은 분명히 존재했다.

그 집을 짓는 동안 여러 번 설계를 수정했고, 디테일을 고민했지만 그 덕분에 나는 더 성장할 수 있었다.

지금 돌아보면, 그 프로젝트는 내게 기술적으로도 감정적으로도 하나의 전환점이었다. 단순한 집을 짓는 게 아니라, 한 사람의 정체성과 생활방식을 조율해 공간으로 구현해내는 일. 마치 건축이라는 악기를 연주하는 기분이었다.

나는 이처럼 개성 있고 특별한 니즈를 가진 고객을 만나는 일을 가장 즐겼다. 고객의 니즈를 파악하고, 그것을 아이디어로 구체화한 뒤, 시안으로 만들고 프레젠테이션을 하는 과정은 마치 광고를 기획하던 그 시절처럼 흥미진진한 게임 같았다.

20
프리컷 건축학교를 만들다

그 후에도 작은 집을 짓고 싶어하는 사람들의 문의는 계속해서 이어졌다. 나는 문득 이런 생각이 들었다.

"학교를 만들어볼까?"

나처럼 건축 지식은 없지만 나만의 작은 집을 꿈꾸는 사람들에게, 직접 집을 지을 수 있는 방법과 노하우를 전수하는 학교. 내가 걸어온 시행착오의 길을 단축시켜주는, 말하자면 실전형 건축 입문 코스였다.

내가 그려본 시스템은 이랬다. 고객과 함께 집의 아이디어를 도출하고, 그 집을 프리컷 시스템으로 설계한 후, 해당 자재를 제공하면 고객이 직접 그 집을 짓는 것이다. 이 과정에서 필요한 기술과 정보를 가르쳐주는 학교. 며칠 밤을 고민한 끝에 나는 결심했다. 이들은 분명 나와 닮은 사람들일 것이다.

나는 '나 자신'을 페르소나 삼아 학교의 콘셉트를 잡아나갔다. 그리고 슬로건 하나를 뽑아냈다.

"우리나라에서 가장 아름다운 곳, 제주도에서 당신의 꿈의 집을 지어라."

서울 토박이인 나에게, 제주도는 가장 멀고 낯선, 그러면서도 가장 자유롭고 아름다운 장소였다. '노는 집'을 짓기 위한 최적의 장소는 바로 그곳이었다. 감성적이고 낭만적인 사람들이 모일만한 최고의 배경이기도 했다.

광고 문구는 이랬다.

"푸른 바다와 멋진 섬이 있는 제주도에서, 당신의 작은 집을 직접 짓는 방법을 배워보세요!"

광고가 나가자 놀라운 반응이 있었다. 전국에서 무려 24명의 학생이 모였다. 16세 고등학생부터 64세 은퇴자까지, 연령도 다양했고 성비도 균형을 이루었다. 16세 남학생은 어머니의 간곡한 요청에 따라 예외적으로 수강을 허락한 경우였다. 결국 이렇게 다양한 삶의 경험을 가진 이들이 제주도로 모여든 것이다.

나는 제주도의 허름한 감귤 창고를 리모델링했다. 그동안 익혀온 목공 기술로 책상을 짜고, 문을 만들고, 인테리어도 직접 손봤다. 그야말로 DIY 정신의 결정체였다. 학교가 완성되었을 땐, 내 에너지가 하늘을 찌를 만큼 들떠 있었다. 학생들은 성산 쪽에서 진행 중이던 쌍둥이 하우스 건설 현장과 학교를 오가며 매주 토요일, 결석도 없이 수업에 참여했다.

이러한 모델은 해외에서도 찾아볼 수 있다. 예를 들어 미국의 Yestermorrow Design/Build School는 비전문가를 대상으로 디자인과 건축 기술을 가르치며, 특히 소규모 주택이나 목조주택, 프리컷과 유사한 키트 조립 방식의 교육에 강점을 보이고 있다. 이 학교는 자연과 조화를 이루는 집, 손으로 직접 만드는 삶의 가치를 중시하며 실습 중심의 커리큘럼을 운영한다. 또 일본의 MUJI House School

역시 DIY 정신을 강조한 소형주택 교육으로 젊은 세대의 주거문화를 선도하고 있다.

유럽, 특히 독일에서도 프리컷을 포함한 목조 건축 교육은 매우 체계적이다. 대표적인 사례로 독일의 Biberach University of Applied Sciences는 'Holzbau'(목조 건축) 전문 과정을 운영하며, 프리컷 제작에 필수적인 CAD/CAM 설계, 자동화 목재 가공 기술을 실습 중심으로 가르친다. 이 학교는 구조 설계, CNC 장비 활용, 친환경 소재 교육 등을 통해 산업형 목조주택 기술자를 양성한다. 오스트리아의 HTL Hallein은 5년제 기술고등학교 과정에

서 프리패브 및 프리컷 건축 실무를 교육하며, 학생들이 직접 주택을 설계하고 조립하는 프로젝트 수업을 운영한다.

이러한 해외 사례들을 참고하여, 프리홈 건축학교는 다음과 같은 커리큘럼으로 구성되었다.

[프리홈 아카데미 1기 커리큘럼 개요]
1. 나의 집 철학 정립 - 집의 목적, 용도, 감성의 발견
2. 프리컷이란 무엇인가 - 기술 개요 및 국내외 사례
3. 설계 워크숍 - 나만의 집 아이디어 스케치 및 피드백
4. 3D 시뮬레이션 실습 - 모델링 도구를 활용한 가상 설계
5. 도면화 과정 - 프리컷을 위한 설계 전환
6. 자재 이해 및 구성요소 소개 - 단열, 창호, 구조 등 기본 부자재 이해
7. 프리컷 조립 실습 - 조립 체험 및 벽체 시공
8. 현장 투어 및 참관 - 실제 시공 현장을 통한 실감 학습
9. DIY 마감 기술 - 페인트, 단열 마감 등 실습
10. 프리컷 발주 및 시공 절차 - 실제 자재 발주 시뮬레이션과 설치 요령

이 커리큘럼은 집을 단순한 구조물이 아니라 '삶의 철학이 깃든 공간'으로 바라보는 태도를 가르치는 데 초점을 맞췄으며, 무엇보다도 '내가 직접 지은 집'이라는 성취감을 전달하는 데 주력했다.

1장 노는 집 건축가 이야기

2. 교육 개요

통합형 빌더(Builder)의 양성

작은 집이라도 집 한 채를 지으려면 목공, 배관, 배선, 창호, 보일러 등등 다양한 분야의 전문가가 필요합니다. 프리홈 건축학교에서는 실제의 집을 최초부터 최종 완성 단계까지 직접 지어봄으로써 프로세스 하나하나를 직접 체험하여 집짓기의 원리를 종합적으로 터득할 수 있는 실제 체험 교육을 하고, 교육을 이수한 후에는 기술이 없는 초라자 한두 명만 있으면 북유럽형 원목 주택을 완벽히 지을 수 있는 **통합형 빌더**의 양성을 목표로 합니다.

건축주들의 성공 커뮤니티

'집 하나 지으면 10년은 늙는다'는 말은 이제 옛이야기 합니다. 이곳에서는 자신의 토지에 각자의 개성을 충족시키는 동시에 친환경적인 집을 짓고 싶은 꿈을 가진 토지주들의 모임을 통해 다양한 지식과 정보를 교환할 수 있는 네트워크를 구축하여 건축주들이 행복한 집짓기를 할 수 있는 세상을 만들어 갈 것입니다.

| 모집요강 |

- **모집대상:** 건축에 관심과 열정이 있는 남녀
- **접수 방법:** 온라인 서류 접수 (freehome_intl@naver.com)
- **서류 접수:** 2016.12.7(수) ~ 2017.1.15(일)
- **교육 대상자 발표:** 2017.1.20(금)
- **교육 기간:** 2017.2.7(수시) ~ 2017.2.28(화)
- **교육 과정:** 평일수업(6회) / 토일반(주말4~5,8회)
- **교육 시간:** 10:00 ~ 16:00 * 점심 식사 (12:00~13:30)
- **정원:** 18명 (변경될 수 있습니다.)
- **수업료:** 1,500,000원 (VAT포함)
- **교육 장소:** 제주도 한경면 저지리 2886 **(프리홈건축학교)**

| 교육특전 |

- **FREEHOM Builder Certification (빌더 인증서)** 제공 (프리홈 건축 전문 시공사 및 대리점 설립 가능)
- 프리홈 건축 시 수업료 30% 환급 (1년이내)
- 자매결연 게스트룸 장기 숙박 할인
- 프리홈 클럽 정회원 등록
- 프리홈 유니폼 및 햇볕 제공

| 신청방법 및 지원문의 |

(주)비드 홈인터내셔널

- **이메일 접수:** freehome_intl@naver.com
- **전화문의:** 02.3415.3912 / 010.2488.6116 (비서실 이후, 주말) 02.3415.3814 / 02.3415.3912
- **주소:** 서울 강남구 언주로727 트리스빌딩 5층 프리홈 (DDB Korea)

| 교육 커리큘럼 |

북유럽 원목주택 짓기 A to Z

| 이론수업 |

1) 오리엔테이션 ·········· 오리엔테이션, 상견례 등
2) 북유럽 원목주택의 개요 ·········· 북유럽 원목주택의 현황 및 트렌드
3) 건축 프로세스의 전반적인 이해 ·········· 입주에서 준공까지
4) 도면에 대한 이해, 작성법 ·········· 내집 도면그리기, 도면 이해법
5) 건축 재료에 대한 이해 ·········· 집의 종류별 장단점
6) 각종 공구 사용법 ·········· 각종 공구의 올바른 사용법(수동, 전동, 측정공구 등)

| 실습 |

7) 기초시공 ·········· 집 터잡기, 바닥 방습, 단열 등
8) 외벽시공 ·········· 외벽 시공 방법
9) 천정 시공 ·········· 천정 시공 방법
10) 지붕 시공 ·········· 지붕 시공 방법
11) 전기 및 배선 시공 ·········· 전기제어의 배선 방법, 차단기 설치 등
12) 배관 시공 ·········· 상하수도 배 설치 방법
13) 내부 단열 방습 시공 ·········· 단열, 방습 자재 선택 방법
14) 내부 시공 ·········· 내부 마감재 시공 방법
15) 문, 창호 시공 ·········· 문, 창호 시공 방법
16) 외부 시공 ·········· 건물 외부 데크 시공 방법
17) 해체 및 정리 ·········· 집이 분야 및 해체 방법
18) 졸업식 및 졸업여행 ·········· 인증서 수여식, 졸업 파티

21
학교의 운명?

1기 수업이 무사히 끝났다. 대부분의 학생들은 새로운 경험에 마음을 활짝 열었다. 처음엔 망설임도 있었지만, 직접 망치를 들고 벽체를 세우며 조금씩 자신감을 얻기 시작했다.

"내 손으로 집을 짓다니 믿기지 않아요."

많은 학생들이 입을 모아 말했다. 그들의 눈빛은 반짝였고, 완성된 구조물 앞에서 서로의 손등을 두드리며 사진을 찍고 웃음을 터뜨렸다. 꿈같은 일이었다.

하지만 모든 이의 반응이 그런 것은 아니었다. 중장년층 몇몇, 특히 집을 조금 지어본 경험이 있는 사람들은 다른 반응을 보였다.

"이 정도면 아무나 짓는 거 아닌가요?"

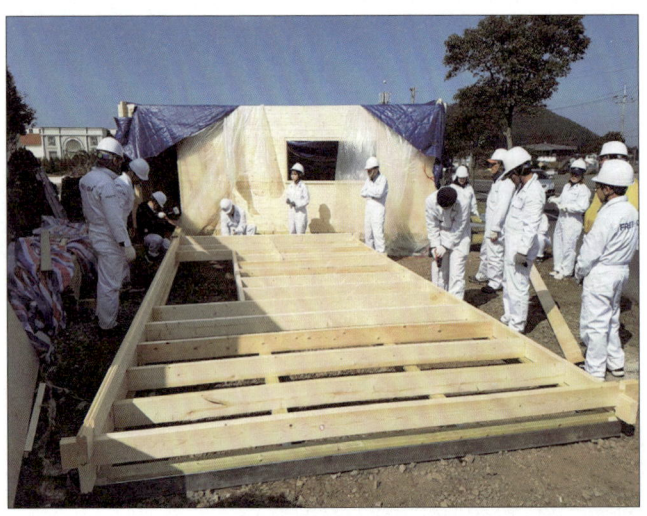

나는 순간, 콜럼버스의 달걀 이야기가 떠올랐다. 오랜 고민 끝에 찾아낸 방법이었지만, 몇몇 경험 있는 학생들은 체험 후 그 방식 자체를 무시하는 듯했다. 새로운 지식이나 접근법을 고정관념으로 밀어내는 모습이 안타까웠다.

그런데 어느 날 누군가 보내 준 제주지역 신문의 기사 하나가 나의 마음을 흔들었다. 건축학교 학생들이 함께 모여 집짓기 사업을 위한 조합을 설립한다는 내용이었다. 기사를 읽는 동안 내 머릿속에는 하나씩 조각들이 맞춰졌다.

누가 먼저 이 아이디어를 냈고 어떻게 추진되었는지는 알 수 없지만, 불만을 표출하던 사람들이 사업을 주도한 것 같았다. 조합을 만든 것이 잘못된 것은 아니었다. 차라리 나에게 미리 계획을 얘기하고 도움이나 협조를 부탁했다면 좋았을 것 같았다.

나는 이 학교를 단 두 가지 이유로 열었다. 첫째는 순수한 전수의 목적이었다. 프리컷은 내가 개발한 기술은 아니지만, 내가 직접 써본 방식이고 그 효율성과 가능성에 공감했던 방식이었다. 그래서 알리고 싶었다. 나처럼 집을 짓고 싶지만 방법을 몰라 막막한 사람들에게 길을 보여주고 싶었다.

두 번째는 사업의 확장이었다. 수강생들이 직접 집을 짓고 싶어할 때, 내가 그들에게 맞춤형 디자인을 제공하고, 프리컷 자재를 제작해 공급해주는 시스템. '스스로 짓는 즐거움과 비용 절감'이라는 혜택을 줄 수 있는 모델이었다. 함께 성장할 수 있을 거라 믿었다.

결과는 절반의 성공이었다. 교육자로서의 나의 목표는 완벽하게 이루어졌다. 누군가는 그걸로 회사를 차렸으니 말이다. 하지만 사업적으로 보았을 때는 차질이 생긴 것이다. 내 동반자가 되어줄 줄 알았던 사람들이 오히려 나의 경쟁자로 나타났을 때, 마음은 복잡해졌다.

강의보다 고객과 마주 앉아 한 사람 한 사람의 니즈를 듣고, 그 안에서 창의적인 해답을 찾아가는 그 과정이 내게는 더 맞았다.

결국 프리홈 건축학교는 1기 수업을 마지막으로 조용히 막을 내렸다. 더 이어가지 못한 건 분명 아쉬운 일이었지만, 나는 후회하지 않았다.

22
프리컷의 한계, 그리고 깨달음

프리홈 아카데미를 접은 건 단지 외부의 상황 때문만은 아니었다. 내 안에서 프리컷 방식의 본질적 한계를 직면했기 때문이었다. 내가 처음 선택한 프리컷은 레고처럼 정밀하게 가공된 목재를 현장에서 간편하게 조립하는 시스템이었다. 비전공자인 내가 건축에 접근하기에, 이보다 더 합리적인 방식은 없어 보였다. 디자인을 도면으로 바꾸고, 그것을 다시 하나의 실체로 조립하는 과정이 매우 효율적이고 직관적으로 느껴졌다. 그리고 실제로 여러 채의 작은 집들이 이 방식으로 문제없이 지어졌다. 정확하고, 빠르며, 누구나 지을 수 있었다. 하지만 시간이 지날수록, 그리고 다양한 고객들의 요청을 접할수록 프리컷 시스템이 가진 '규칙성'이 어느 순간 '경직됨'으로 다가왔다.

이 방식은 기본적으로 평면이 단순하고 직선 위주여야 한다. 시스템화된 구조를 따르기 위해, 설계는 항상 공장에서 제작 가능한 범위 내로 제한되어야 했다. 벽체의 두께, 기둥 간격, 지붕 경사, 창호 위치마저도 정해진 규격에 맞춰야만 했다. 프리컷의 구조는 일종의 내력벽 시스템이다. 벽체 자체가 하중을 지지하는 구조이기 때문에, 벽을 없애거나 창을 과감히 내는 것조차 어려웠다. 단순한 가벽이 아닌, 집의 뼈대 그 자체이기에 마음대로 변형할 수 있는 여지가 거의 없었다. 고객의 니즈만을 반영하여 공간을 디자인하고자 했던 나에겐 이 구조적 제약이 점점 큰 벽으로 느껴졌다. 곡선 디자인은 거의 불가능했다. 비정형 형태나 입체적인 입면 구성도 마찬가지였다. 모듈화된 구조를 기반으로 하기 때문에, 창의성은 공장 프로세스 안에서만 허용되었다.

게다가 수입 프리컷 시스템은 단순히 부재를 제작하는 것을 넘어 통관, 해상 운송, 내륙 물류, 현장 하역, 조립 인력까지 모든 단계가 연동되어야 하는 복합적 시스템이었다. 하나라도 어긋나면, 전체 일정이 흔들렸다. 가격 경쟁력은 해외 공장에서 확보했지만, 국내에 도달하는 시간과 불확실한 물류 리스크는 프리컷이 가진 최대 강점조차 무디게 만들었다. '빨리빨리'에 익숙한 한국의 소비자 정서와는 이 느리고 복잡한 방식이 잘 맞지 않았다. 수요자는 즉각적인 피드백과 빠른 시공을 원했고, 공정은 그런 속도감을 따라가지 못했다. 결국, 이 방식은 대중화되기 어렵다는 판단에 이르렀다.

나는 깨달았다. 작은 집을 짓는 데 진짜 필요한 것은 프리컷이라는 방식이 아니라, 내 생각을 구조화할 수 있는 설계력이라는 것을. 모든 것은 다시 원점으로 돌아온 것 같았다. 우회로 같았던 프리컷이 사실은 내 생각을 도면으로, 도면을 현실의 집으로 바꾸는 여정의 디딤돌이었을 뿐.

23
대가를 만나다

건축에 대한 관심이 최고조에 달했을 때, 내 안엔 질문이 넘쳐났다.

"작은 집의 가치는 무엇인가?"

이 질문들을 풀기 위해 나는 수많은 건축가들의 책을 탐독하기 시작했다. 건축을 공부한다기보다, 그들의 생각과 철학이 궁금했다. 그리고 그 과정에서, '작은 집'에 철학을 담아온 세계적인 건축가들을 만나게 되었다.

구마 겐고는 "건축은 자연과 싸우는 것이 아니라, 조화를 이루어야 한다"고 말한다. 그는 콘크리트보다 나무를, 매스보다 틈을 중요하게 여긴다. 야쿠시지 수련장이나 도쿄 나고미 하우스에서는 작은 집일수록 자연의 빛과 바람, 소리와 더 깊이 연결되어야 함을 보여준다.

안도 다다오는 침묵과 빛으로 공간을 조율하는 건축가다. 그의 대표작 스미요시의 집은 도심 속 작은 콘크리트 박스이지만, 그 안엔 명상적 깊이와 극도의 절제가 담겨 있다. 그는 말한다.

"공간은 외형보다 감정의 깊이로 완성된다."

제이 셰퍼는 미국에서 타이니 하우스 운동을 이끌며 9㎡ 남짓의 이동식 주택에 삶의 모든 기능을 담았다. "작게 살면, 진짜 자유가 보인다"는 그의 말은 작은 집이 곧 삶의 방식이자 철학이 될 수 있음을 증명한다.

스노헤타(Snøhetta)는 북유럽 자연 속에서 지속 가능한 모듈형 오두막과 산장을 실험한다. 단순히 작고 기능적인 것을 넘어서, 자연과 연결된 회복력 있는 삶을 제안하는 그들의 건축은 '작은 집은 가장 큰 실험실'이라는 개념을 실감하게 한다.

이 건축가들의 공통점은 단순하다. 그들은 집의 크기가 아니라 삶에 대한 질문에서 건축을 시작했

"집은 사람이 살기에 편안한 곳이어야 합니다."
르코르뷔지에(1887~1965)

다. 그리고 그 질문은 나의 마음속에도 깊은 울림을 남겼다. 그러던 중, 나는 한 이름 앞에 멈춰 섰다.

르 코르뷔지에(Le Corbusier).

그는 단순히 위대한 건축가라기보다는, 내게는 마치 뜻밖에 만난 건축의 과외 선생님 같았다. 처음엔 머릿속 스케치 하나만 가지고 집을 짓겠다고 덤빈 문외한이었다. 프리컷이라는 공법을 알게 되어 몇 채의 집을 짓고, 나만의 방식으로 '작은 집'을 실현해보려 했다. 하지만 시간이 지나며, 그 구조적 한계에 갇혀버렸다. 창의적인 설계는 시스템 앞에서 무뎌졌고, 정확함은 때로 상상력의 적이 되었다. 그때, 르 코르뷔지에의 철학은 내 생각을 송두리째 뒤흔들었다. 그는 산업화가 본격화되던 시기, "모든 사람이 쾌적하게 살 수 있는 공간은 어떻게 가능할까?"라는 인간적인 질문을 던지며, 도미노 시스템(Dom-ino System)과 건축의 5원칙을 고안했다. 그리고 그 이론은 1952년, 프랑스 마르세유의 '유니테 다비타시옹(Unité d'Habitation)'이라는 세계 최초의 현대적 아파트로 구현된다. 한 건물 안에 주거, 쇼핑, 유치원, 운동 공간이 모두 들어간 '수직 도시'의 개념이었다. 하지만 나에게 진짜 감동을 준 것은, 마지막까지 사랑한 작은 집이었다. 프랑스 남부 로크브륀의 바닷가 절벽 위, 지중해를 마주한 작은 오두막으로 그 이름은 '카바농(Cabanon)'. 면적은 3.6m × 3.6m, 정확히 12제곱미터로 딱 4평이다. 그 안에는 침대, 책상, 의자, 수납장, 세면대, 창문 하나. 살아가는 데 필요한 모든 것이 들어 있다. 하지만 그보다 더 놀라운 건 그 배치의 정밀함이다.

모든 요소는 르 코르뷔지에가 고안한 '모듈러(Modulor)' 비례 체계를 기반으로 설계됐다. 그의 키, 팔 길이, 시선 높이를 기준으로 가구의 크기와 위치, 동선, 채광 각도까지 계산되었다. 공간은 작지만 구조는 완벽하다. 침대는 아침 햇살이 가장 먼저 드는 벽 옆에, 책상은 바다를 정면으로 마주하는 창가에, 모든 가구는 손 닿는 거리와 몸의 동선에 맞춰 정확히 들어가 있다. 이 집은 그에게 '절제된 완성'을 의미했다. 그는 말했다.

"나는 이 집에서 단 하나도 고칠 게 없다."

그것은 만족이 아니라 철학의 성취였다. 이 집은 '작은 집의 기적'이자, '절제의 극치', '삶의 본질을 담은 공간'이었다. 나는 그 집을 처음 본 순간,

큰 감동을 받았다. 너무도 단정하고, 간결하고, 명료한 그 세계. 그곳엔 크기보다 깊이, 양보다 질, 외형보다 본질이 담겨 있었다.

카바농을 보고 난 후, 나는 나의 작은 집의 개념을 정립할 수 있었다, 건축은 더 이상 재료와 도면의 조합이 아니었다. 그것은 삶의 방식, 사유의 깊이, 철학의 집합체였다. 르 코르뷔지에는 나에게 이렇게 묻고 있었다.

"왜 작은 집을 짓고 싶은가?"
"무엇을 담고 싶은가?"
"어떤 삶을 위해 어떤 구조를 선택할 것인가?"

1장 노는 집 건축가 이야기

24
꺼꾸로 공부

나는 공부를 '꺼꾸로' 했다. 계획을 세우고, 목표를 설정하고, 그것을 이루기 위한 지식을 차근차근 쌓아가는 방식이 아니었다. 나는 그냥 하고 싶어서 시작했다. 계획보다 의욕이 앞섰고, 이론보다 경험이 앞섰다. 부딪히고, 엎어지고, 실패하고, 다시 일어서며 비로소 궁금증이 생겼고, 그 궁금증을 풀기 위해 공부를 시작했다. 그래서 나의 공부는 언제나 실행의 결과였다.

집을 짓는 일도 마찬가지였다. 그저 작은 집을 직접 한번 지어보고 싶다는 생각에서 출발했고, 프리컷이라는 방식을 알게 되어 그 방법으로 내 집을 지었고, 그 경험을 토대로 몇 채의 집을 더 짓고, 그 방법을 사람들에게 전하기도 했다.

그러나 집 몇 채를 지어본 후, 문득 이런 질문이

내 안에서 올라왔다.

"나는 집을 짓는 사람이 되고 싶었던걸까?"
"나는 왜 나만의 집을 갖고 싶었는가?"

그리고 문득 깨달았다. 나는 사람의 니즈를 듣고, 그 속에 숨겨진 욕망을 읽고, 그걸 공간의 형태로 구체화하고 있었다. 단지 매체가 달라졌을 뿐. 하나는 광고이고, 다른 하나는 집이었다. 하나는 메시지를 만들고, 다른 하나는 무대를 만든다. 사실 이 둘은 놀라울 정도로 닮아 있다.

항목	Ad Creator	House Creator
핵심	사람의 니즈	사람의 니즈
본질	문제 해결 / 욕망 충족	문제 해결 / 욕망 충족
출발점	브랜드의 본질	사람의 삶, 라이프스타일
과정	리서치 → 아이디어 → 시각화 → 전달	리서치 → 아이디어 → 도면화 → 구현
결과물	광고, 캠페인, 영상, 이미지	집, 공간, 라이프스타일 구조

다만, 다른 점도 있다.

항목	Ad Creator	House Creator
표현 매체	말, 영상, 이미지	공간, 구조, 재료
설계 대상	메시지와 스토리	삶과 활동의 무대
제작 단위	한 번 소비되는 콘텐츠	지속적 사용 전제의 구조물
피드백 방식	대중의 반응, 조회수, 화제성	생활자의 경험, 사용감, 유지관리
시간성	짧고 강렬한 인상	장기적 사용과 지속성 중심

결국 나는 같은 일을 다른 언어로 하고 있었다. 사람의 마음을 읽고, 그 마음을 공간의 언어로 번역해주는 일. 광고에서는 그것이 카피와 영상이었고, 지금은 그것이 창의 위치, 방의 배치, 햇살의 방향이 되었다. 나는 내 일에 대한 재정의를 하였다.

"집은 짓는 것이 아니라, 기획하는 것이다."

나는 공간을 설계하는 사람이 아니라, 삶을 설계하는 사람이다. 고객이 가지고 있는 잠재적인 니즈를 찾아내고, 그것을 집이라는 구체적 형태로 보여주는 것. 그것이 바로 내가 하고 싶었던 일이었다.

나는 공간 디자이너가 아니라 삶의 무대를 연출하는 사람이 되고 싶었던 것이었다. 나는 그것을 House Creator로 정의했다.

25
청춘별장의 탄생

'House Creator'의 관점에서 또 다른 욕심이 생겼다. 개인의 니즈를 반영한 집이 아니라, 보다 보편적인 욕구와 상상을 담아낼 수 있는 집, 마치 하나의 기성품 브랜드 같은 집 한번 지어보고 싶었다. 그래서 나는 "별장이나 세컨드하우스는 가진 자들만의 전유물이어야 하는가?"라는 질문을 스스로에게 던져 보았다.

"별장이나 세컨드하우스는 정말, 가진 자만의 것이어야 할까?"

누구나 가질 수 있는, 가진 자들만의 것이 아닌, '보편적인 사치' 같은 집. 기성복처럼, 누구든 입을 수 있고, 누구나 어울릴 수 있는. 그 첫 번째 도전이 바로 '청춘별장'이었다.

우리가 상상하는 별장은 언제나 부자들의 전유물이었다. 탁 트인 뷰, 화려한 외관, 고급 가구, 매일 비어 있으면서도 365일 관리되는 곳. 주인이 없어도 관리인이 집을 지키는, 그런 사치의 결정체. 그런 집을 누가 가질 수 있을까? 당연히, 부자다. 지금 이 시대, 내 집 하나 마련하는 것도 벅찬데 '별장'은 서민들에게 사치조차 허용되지 않는 단어였다. 그래서 나는 물었다.

"부자가 아니어도, 별장을 가질 수는 없을까?"

그 질문 끝에 하나의 단어가 떠올랐다. 청춘. 청춘은 분명 부자는 아니다. 하지만 누구보다도 자유를 원하고, 낭만을 꿈꾸고, 세상에 없는 장면을 살아보고 싶어 한다. 청춘은 돈은 없지만, 마음은 부자인 사람들이었다. 그래서 나는 그들을 위한 별장을 만들기로 했다. 놀고 싶은 마음 하나로 세상을 버틸 수 있는 존재들. 그들에게 어울리는 작은 집, 바로 그것이 청춘별장이었다.

나는 마침 토지를 보유하고 있던 분과 협력해 약 700평의 땅을 분할하고 그 위에 50평씩 배치된 작

은 집을 기획했다. 그리고 바로 이 지점에서 청춘별장의 핵심 가치가 실현되었다. 토지 면적이 작아졌다는 건, 결국 집의 가격도 낮아질 수 있다는 뜻이었다. 기존 별장이 넓은 대지와 고가의 건축비로 소수의 부자만이 소유할 수 있는 '사치'였다면, 청춘별장은 합리적인 크기와 효율적인 구조로, 누구나 한 번쯤 꿈꿔볼 수 있는 현실적인 공간이 된 것이다. 이 작은 분할은 단순한 토목설계상의 묘수가 아니라, '별장은 부자의 전유물'이라는 고정관념을 무너뜨리는 결정적 장치였다.

바로 그 순간, '청춘도 가질 수 있는 별장'이라는 말은 이론이 아니라 현실이 되었다. 그 집은 1층 7.5평, 2층 7.5평, 총 15평의 콤팩트한 구조지만, 안에는 작지만 풍부한 라이프스타일이 설계되어 있었다. 1층에는 거실 겸 침실 겸 주방이 함께 있었고, 히노끼 욕조가 있는 작은 욕실, 고급 대형창, 2층에는 층고 3.5m에 이르는 침실, 산을 향한 오각형 초대형창이 있었다. 바깥에는 핀란드식 사우나, 야외 스파, 파티오, 주차장, 화단까지.

사람들은 물었다.

"이게 정말 15평짜리 집이 맞나요?"

첫 구매자는 캠핑카를 1년 넘게 찾아다닌 젊은 부부였다. 1억이 훌쩍 넘는 캠핑카 대신 "이게 우리가 진짜로 원하던 쉼의 공간이다"라고 말하며 청춘별장을 선택했다. 그 집은 움직이지 않지만, 그들의 마음을 더 멀리 데려다주는 고정형 캠핑카가 되었다. 작지만 명확한 철학, 작지만 누구에게나 열려 있는 가능성. 그 집이, 바로 청춘별장이다.

거실 겸 침실 겸 주방이 있는 1층

층고가 3.5m에 이르는 2층 침실

산을 향한 오각형 초대형 창이 있는 2층

26
좋은 세컨드하우스란 무엇인가

나는 청춘별장을 통해 좋은 세컨드하우스를 정의내리고 싶았다. 세컨드하우스를 짓고 싶어 하는 사람들이 많다. 하지만 정작 '어떤 세컨드하우스를 원하고, 왜 필요한가'에 대해 명확한 그림을 그리는 사람은 많지 않다. 대부분은 막연한 상상 속에서 출발한다.

"집이 하나 더 있으면 좋을 것 같아서", "땅이 좀 남으니 집이나 하나 지어볼까?"

이런 출발은 흔히 세컨드하우스를 '짓는 것 자체'에 몰입하게 만든다. 유튜브를 보고, 전시장에 다니고, 견본주택을 기웃거리다 보면 초심은 금세 사라지고 집짓기 자체가 목적이 된다. 자재와 단열재, 창호, 인테리어, 평면 설계까지 모든 것에 집착하게 되고, 어느 순간 '왜 이 집을 지으려 했는가'라는 본질은 사라진다.

집이 완성되면 잠시의 감탄은 있을지 몰라도, 지나치게 많은 시간과 비용을 투자했다는 자책감이 든다. 때로는 불필요한 공간에 쓰지 않는 물건들로 채우고, 쉼보다는 관리에 더 많은 시간과 노동을 쓰게 된다. 그렇게 '로망'은 '짐'으로 바뀌게 된다.

*

좋은 세컨드하우스를 위한 6가지 조건을 제안한다.

1. 목적이 명확한 집
세컨드하우스는 단순히 하나의 집이 아니라 '하나의 목적'을 실현하는 공간이다. 예를 들면, 피아노를 위한 4평 음악실, 독서를 위한 1인용 산속 서재, 아이들과 뛰놀 수 있는 숲속 바비큐 데크형 하우스가 있다. 목적이 명확할수록 집은 작아지고, 뚜렷한 성격을 갖는다.

2. 이용자가 분명한 집

"이 집은 누구를 위한 공간인가?"

모두를 위한 공간을 만들기 시작하면 결국 '또 하나의 평범한 집'이 된다. 세컨드하우스는 주 이용자를 위해 집중적으로 기획해야 공간이 명확해지고, 효율성과 개성이 살아난다.

3. 외관보다 내실

시골 한복판에 튀는 대형 주택은 위화감을 주기 쉽다. 좋은 세컨드하우스는 화려함보다 지역과 조화를 이루는 절제된 외형을 가진 집이다. 예를 들면, 지역 전통과 맞는 지붕 경사, 주변 풍경을 해치지 않는 색상과 마감, 외형은 겸손하게, 내부는 자신 있게. 이것이 좋은 세컨드하우스의 기본 태도다.

4. 자연과 어울리는 소재

자연 속에서는 자연 재료가 제일 어울린다. 특히 나무는 기능과 감성 모두를 만족시키는 최고의 재료다. 예를 들면, 내부는 목재로 마감하여 습도 조절과 향기 제공, 외부는 목조 구조 위에 친환경 방수 마감, 테라스에는 자연 그대로의 원목 데크가 있다. 북유럽의 혹한에도 목조주택이 선호되는 이유는, 나무가 사람을 가장 따뜻하게 감싸주기 때문이다.

5. 아우라가 있는 집

작지만 '딱 그 사람다운 집'은 오래도록 사랑받는다. 누가 봐도 "이 집은 당신 집이군요"라고 말할 수 있는 것. 취향이 가득한 집은 방문자에게 감동을 주고, 주인에게는 행복을 준다. 예를 들면, 요리 애호가의 집(대형 아일랜드 키친, 전용 화덕, 정원에 허브 텃밭)이나 음악 애호가의 집(방음 설계된 음악실, 아날로그 스피커, 디지털 믹서룸)이 해당된다.

6. 쉘터 같은 집

세컨드하우스는 쉼을 위한 공간이다. 피로한 일상에서 나를 지키는 은신처. 크고 화려하지 않아도 된다. 오히려 작고 단단하게, 최소한의 것들만으로 편안함을 줄 수 있는 집. 과시가 아닌 회복을 위한 공간이 되어야 한다.

좋은 세컨드하우스란 단순히 하나 더 지어진 집이 아니다. 그것은 또 하나의 삶을 위한, 아주 개인적인 플랫폼이다. 목적이 분명하고, 이용자가 명확하며, 작고 내실 있고, 자연과 어우러지고, 취향이 담겨 있으며, 쉼의 본질을 지닌 집. 이런 집은 결국 가고 싶고, 머물고 싶고, 누구보다 나다운 집이 된다. 그것이 바로 진짜 좋은 세컨드하우스다.

27
유튜버와의 만남

어느 날, 큰집 작은 집이라는 집을 주로 소개하는 젊은 유튜버들이 나를 찾아왔다.

"혹시 경기도 광주에 지어진 그 작은 집, 아직 있나요? 인터넷에서 보고 특이해서요. 꼭 촬영을 해보고 싶어요."

그들이 말한 집은, 바로 내가 생애 처음으로 지은 바닥평수 4.3평(5mx3m)짜리 초소형 목조주택이었다. 이미 몇 년 전에 지은 집이었다. 그래서 물었다.

"그 집은 꽤 오래전에 지은 건데, 지금 트렌드에 안 맞을 수도 있어요. 왜 굳이 그 집을 찍으려고요?"

그런데 유튜버는 단호했다.

"아뇨, 요즘 젊은 세대들이 원하는 게 바로 이런 집이에요. 작고, 실용적이고, 자연 속에 있고, 감성적인. 그 집은 오히려 지금 세대에 딱 맞아요."

그 말을 듣는 순간, 내가 당시에는 '도전'이라고 여겼던 그 집이 몇 년이 흐른 지금, 트랜드에 맞는 집으로 돌아왔다는 얘기에 반신반의했다. 그들은 그렇게 내 4.3평짜리 집을 촬영했고, 나는 그저 '소소한 반응' 정도를 기대하고 있었다. 하지만 얼마 후, 유튜버가 다시 연락해왔다.

"유튜브 영상 조회수가 터졌어요. 대박이에요! 30만 회가 넘었어요!"

나는 믿기 어려운 마음으로 영상을 열어보았다. 그리고 그 순간, 내 눈앞에 펼쳐진 숫자와 댓글, 반응들을 보며 한 가지 사실을 확신할 수 있었다. 당시엔 별로 관심 갖지 않던 4.3평짜리 작은 집. 지금 그 집은 수많은 젊은이와 세컨드하우스를 원하

는 사람들의 마음을 흔들고 있었다. 복잡하고 비싼 도시의 삶에 지친 이들이, 이 작은 공간에서 자유와 꿈을 발견한 것이다.

왜 그 집이 그렇게 반응이 좋았을까? 단순히 작아서, 귀여워서, 예뻐서만은 아니었다. 나는 나중에서야 깨달았다. 그 집은 '좋은 세컨드하우스' 기준에 거의 들어맞는 집이었다는 사실을. 목적이 분명했다. '놀기 위한 집'이었고, 이용자가 명확했다. '나 혼자 머물 공간'이었고, 외관보다 내실에 집중했고, 목재와 자연소재로 주변 환경과 어울렸으며,

나다운 취향이 고스란히 담겨 있었고, 무엇보다, 복잡한 세상에서 나를 지켜주는 '쉘터' 같은 집이었다. 그래서 사람들의 마음을 움직일 수 있었고, 그래서 유튜브 속 영상 하나로 수많은 이들의 욕망을 자극할 수 있었던 것이다. 그 유튜브 영상 이후, 많은 사람들이 나에게 연락을 해왔다.

"나도 저런 집을 짓고 싶어요."

문의는 건축희망자, 토지주, 청년부부, 퇴직자, 심지어 지방 소도시의 공무원까지 다양했다. 누군가는 그런 집을 짓고 싶어했고, 누군가는 자기 땅에 그런 집들을 지어서 분양하고 싶다는 사업계획을 얘기하기도 했다. 4.3평이라는 숫자는 작았지만, 그 집이 일으킨 반향은 상상 이상으로 컸다.

28
다시, 새로운 집을 꿈꾸다

유튜브 영상이 공개되고 나서 전화, 문자, 이메일... 하루에도 몇 통씩 문의가 쏟아졌다. 다양한 사연이, 다양한 사람들로부터 흘러들어왔다. 하지만, 막상 만나보고 상담을 하다 보니 현실은 내 생각과는 달랐다. 그들이 원하는 건 가볍게 지을 수 있는, 가격이 낮은 집이었다. 집 자체의 설명보다 "얼마면 돼요?"가 먼저였다. 나는 그때 깨달았다. 작은 집을 원한다고 해서, 모두가 같은 방향을 바라보는 건 아니구나.

내가 만들고 싶었던 집은 단지 가격이 저렴한 집이 아니라, 삶의 태도를 담을 수 있는 두 번째 삶의 무대, 즉 작지만 개성이 넘치는 쉘터같은 집이었다. 그런데 현실 속 다수의 사람들은, 그저 '싼 주택', '그저 작은 집', '잠깐 머물 곳'으로 이 공간을 생각하고 있었다. '얼마면 지을 수 있느냐'가 모든 대화의 출발이자 종착점이었다. 물론 나는 그 마음을 이해한다. 지금의 세상에서 '내 집을 갖는다는 것'이 얼마나 무거운 일인지 잘 안다. 작은 집조차 큰 결심이 필요한 시대이니까. 그래서 그들의 질문은 현실적인 질문이었고, 이상과 현실의 간극은 꽤 컸다.

나는 이런 분들에게는 요즘 흔한 합리적인 금액의 이동식 주택을 구입하거나 구옥을 일부 수리해도 좋을 것이라는 현실적인 조언들을 해주었다.

이런 알려짐이 작은 저가형 집을 짓거나 파는 사업으로 이어질 기회가 될 수도 있었지만, 그 방향은 내가 원하는 길이 아니었다. 누군가의 삶을 투영한 크리에이티브한 작은 무대를 만들고 싶어서 이 일을 시작했기 때문이다. 그래서 별다른 관심은 두지 않았다.

29
특이한 방문자

그러던 어느 날, 한 중년 여성이 나를 찾아왔다. 그녀는 첫눈에 보통 고객과는 다르다는 인상을 주었다. 말투나 질문, 집에 대한 태도가 달랐다. 그리고 무엇보다, 내 이야기에 깊이 공감하며 내가 꿈꿨던 '노는 집'의 생각에 고개를 끄덕였다.

그녀는 고향인 경주에 아주 작은 땅을 구매할 예정이고, 그 위에 오직 자신만을 위한 집을 짓고 싶다고 했다. 수십 년 동안 아내로, 엄마로 살아오며 가족을 위해 모든 걸 헌신했기에 이제는 남은 인생을 오롯이 자신을 위해 살고 싶다는 것이었다. 그녀는 말했다.

"그동안 집이라는 공간은 가족을 위한 공간이었어요. 이제는, 정말 '나'라는 사람을 위한 집을 짓고 싶어요."

그녀가 집에 담고 싶어 한 건 딱 두 가지였다. 혼자서 마음껏 책을 읽을 수 있는 몰입의 공간, 그리고 좋은 사람들과 소박한 대화를 나눌 수 있는 아늑한 자리.

그녀는 말했다.

"햇살이 드는 조용한 오후, 책상 앞에 앉아 내가 좋아하는 차를 마시며 책 한 권을 천천히 읽는 것. 그 시간이 제겐 가장 큰 사치이자 행복이에요."

그리고 또 하나.

"많은 사람들과 수다 떨기보다는, 소수의 좋은 사람들과 깊고 따뜻한 이야기를 나누고 싶어요. 그게 가능하려면 공간도 작고, 온기가 있어야죠."

그녀가 그리는 집은 화려하지 않다. 하지만 그 안에는 삶의 본질적인 욕망이 담겨 있었다. '몰입'과 '공감', '고요함'과 '연결'. 그녀는 이 모든 것을 담을 수 있는 집을 한 채 짓고 싶다고 했다.

 경주 현장 방문 날, 나는 그녀가 몰고 온 차를 보고 깜짝 놀랐다. 소형 캠핑카 '로디'를 타고 왔는데, 크로노 자전거와 함께 여행을 다니는 중이라고 했다.

 그녀는 단호하고, 자유롭고, 명확했다. 그리고 어느 순간엔 자신의 집을 소유하는 것조차 절대적인 것이 아니길 바란다고 했다.

"언젠가 이 집이 꼭 필요한 사람을 만나면 기꺼이 넘겨줄 수 있었으면 해요. 그 사람이 이 집을 좋아해주고, 그 안에서 또 다른 이야기를 이어간다면 그걸로 족해요."

나는 그 말에 깊이 공감했다. 집을 집 그 자체로, 삶의 에너지 그릇으로 여기는 생각. 그녀는 정말 '노는 집'을 필요로 하는 사람이었다. 그리고 나는 확신했다. 그녀가 원하는 것은 단순한 건축물이 아니라 자신의 내면을 담아내고, 다시 세상과 부드럽게 연결되는 삶의 플랫폼이었다는 것을. 그래서 두 가지 제안을 했다. 하나는 이 집을 그냥 집으로 두지 말고, 브랜드로 만들어보자는 것이었다. 다른 하나는, 이제까지 다양한 노는 집을 지어 온 나의 여정과 나와 함께 새로운 집을 짓는 그녀의 여정을 함께 기록해 책으로 내보자는 것이었다. 우리는 그 자리에서 망설임 없이 고개를 끄덕였다.

30
House Creative 프리젠테이션

우선 이분이 구매한 구옥의 규모를 검토해 보니 생각보다 토지의 손실이 많았다. 이 구옥을 철거하고 신축을 할 경우 전체 27평에서 약 13평의 국유지를 내주어야 했다. 그래서 해당 대지의 건폐율과 용적률을 고려할 때, 허용 가능한 최대 규모는 바닥 면적 약 5평, 연면적 약 10평. 이 작은 사각 기둥 안에 건축물을 만들어야 했다. 숫자만 보면 공간은 작고 한계투성이였다.

이것들은 나의 Creative 본능을 자극했다. 먼저 그 집에 살게 될 사람의 니즈를 떠올리고 이것의 해법을 생각해보았다. 건축주의 말 속에서 드러나는 작은 욕망들. 이 모든 것을 읽어내고 정리하고, 마치 한 편의 시나리오처럼 도면에 옮기는 것. 이러한 접근 방식은 내가 과거 광고 크리에이티브 디렉터 시절, 다양한 캠페인을 기획하며 체득한 사고법에서 비롯된 것이다. 당시 나는 Ogilvy & Mather, BBDO, JWT 등 세계적 광고회사들이 오랜 역사 속에서 다듬어낸 크리에이티브 원칙에 따라 움직였다. 그들은 창의성을 단순한 '영감'이 아닌 전략으로 접근했고, 그 중에서도 4대 크리에이티브 원칙은 지금도 내 사고의 뿌리이자 나침반이 되어주고 있다. 이 원칙들을 건축에 응용해 작은 집이라는 캔버스 위에 새롭게 펼쳐보는 일, 바로 그것이 내가 '노는 집'을 통해 실현하려는 실험이자 도전이었다.

원칙	설명
단순화 simplicity	핵심만 남기고 불필요한 요소를 제거한다. 공간이 작을수록 선과 면은 간결해야 하고, 복잡한 구조보다는 정제된 질서가 주는 안정감이 중요하다. 단순함은 곧 고급스러움이다.
놀라움 surprise	예상 밖의 구조나 요소를 통해 감탄을 유도한다. 평면에서 어렵다면 수직 공간에서, 구조가 안 된다면 재료에서 반전을 만든다. 작지만 놀라운 집. 이것이 내 목표였다.
연관성 relevance	집은 건축주의 정체성과 닮아야 한다. 외관, 내부 동선, 재료, 색감까지 모두 건축주의 삶과 어울릴 때 비로소 진짜 '나의 집'이 된다. 좋은 집이 아니라 '나다운 집'이 되어야 한다.
독창성 originality	어디에도 없는, 전례 없는 구조와 분위기. 작아도 남다른 존재감. 사람들이 지나가다 '와, 이 집 뭐지?' 하고 멈춰 서게 만드는 힘. 독창성은 결국 스토리에서 시작된다.

이 원칙을 작은 집 디자인에 그대로 적용했다. 작기 때문에 더 많은 고민이 필요했고, 더 치밀한 전략이 필요했다. 혹자는 말한다.

"작은 집 설계하는 게 뭐가 어렵냐고."

하지만 나는 말하고 싶다. 2시간짜리 영화를 만드는 감독에게 15초짜리 광고를 만들라고 하면, 그는 오히려 더 깊은 고민에 빠진다. 긴 러닝타임 속에서는 스토리를 천천히 펼칠 여유가 있지만, 15초 안에 한 사람의 마음을 움직이려면 단어 하나, 컷 하나, 음악의 1초까지 전부 '기획'이어야 한다. 그 15초에 담긴 결정과 고민의 농도는 2시간보다 더 진하다.

건축도 마찬가지다. 100평짜리 고급 주택을 짓는다고 해서 그 사람이 작은 집을 잘 디자인할 수 있는 건 아니다. 나는 지금 그 '15초짜리 집'을 디자인하고 있다. 작지만, 한 컷도 허투루 만들 수 없으며 모든 것이 기획된 집.

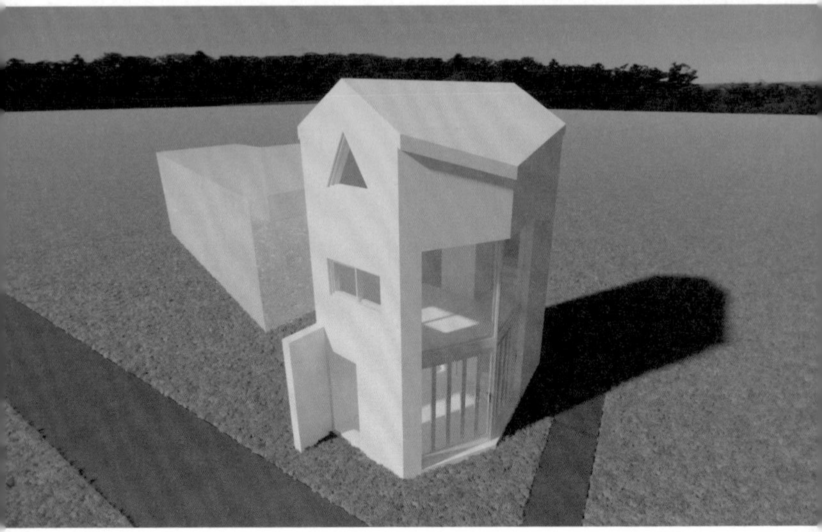

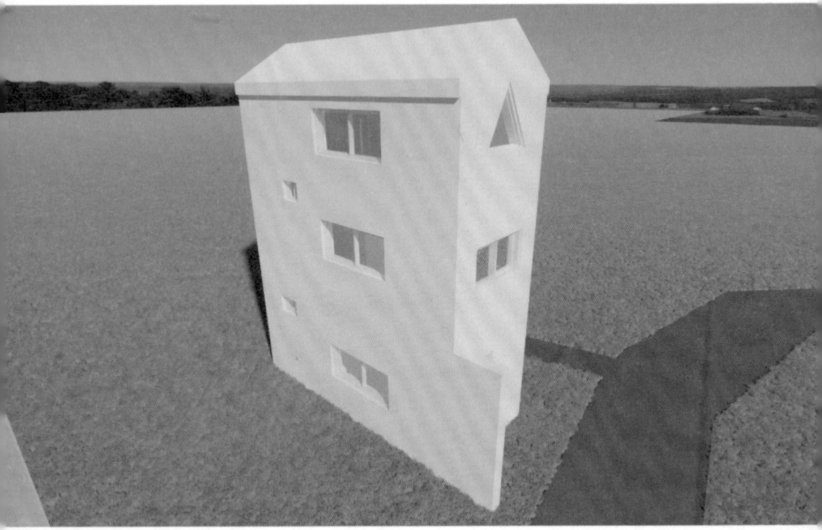

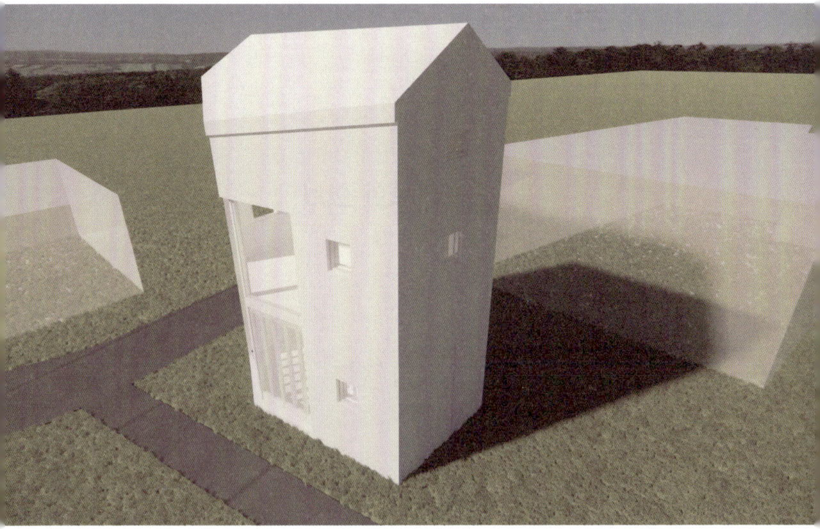

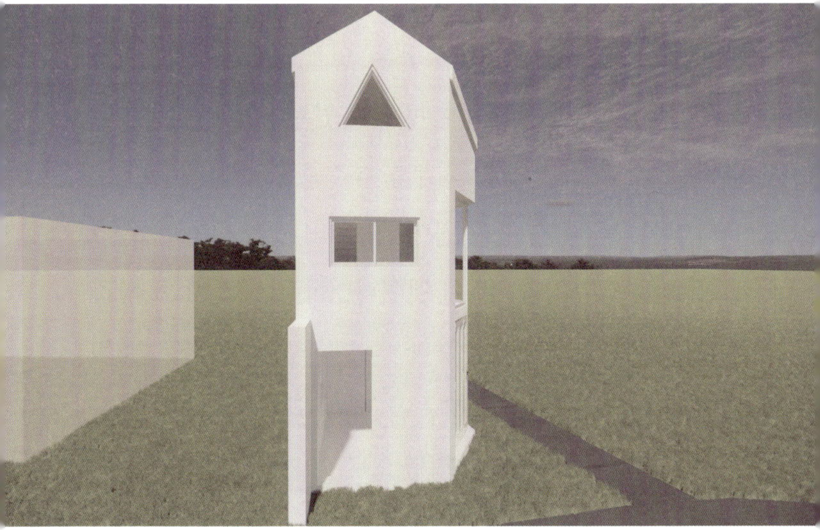

31
집의 내부와 외부

집을 디자인할 때 가장 먼저 던져야 할 질문은 이것이다.

"이 집은 누구를 위한 것인가?"

집에는 늘 두 개의 시선이 존재한다. 하나는 외부, 도시와 거리를 마주하는 얼굴. 다른 하나는 내부, 오직 건축주만이 누릴 수 있는 사적인 세계다. 많은 사람들이 집의 외부를 더 중요하게 생각한다. 타인이 보는 것으로 집이 평가되니, 보여지는 형태에 더 큰 가치를 두는 것이다. 이런 시선에 동의하는 건축가들도 적지 않다. 왜냐하면 집은 한 번 지어지면 그 자리에 오랫동안 남게 되고, 그곳을 지나는 사람들에게 그 외형만으로 평가받기 때문이다.

하지만 그것은 중요한 것을 간과한 시선일 수 있다. 집이 완공된 그 순간부터, 건축가의 일은 끝나지만 건축주의 삶은 비로소 시작되기 때문이다. 외부는 타인을 위한 것이지만, 내부는 나 자신을 위한 공간이다. 그리고 진짜 집의 가치는, 외형이 아닌 그 안에서 어떻게 살아가느냐에 있다.

나는 광고를 만들 때도, 집을 디자인할 때도 항상 중심에 두는 것은 '사용자'다. 외부는 보여주기 위한 것이고, 내부는 살아내는 것이기 때문이다. 건축가의 관점에서 보면, 외부는 일종의 포트폴리오다. 지나는 이들이 감탄하고 주목할 수 있는 건축적 언어로 세상에 말을 건넨다. 하지만 내부는 건축주의 시간과 감정, 기호, 일상이 쌓이는 공간이다. 건축가의 작품이 아니라, 건축주의 세계가 펼쳐지는 무대다. 외부는 누구나 볼 수 있지만 내부는 누구나 들어올 수 없다. 그렇기에 나는 언제나 외부보다 내부를 먼저 디자인한다.

내부는 단순히 방의 수를 정하는 일이 아니다. 그 공간 안에서 일어나는 하루의 리듬, 사람과 사람이 만나고 흩어지는 동선, 혼자 있는 고요한 시간의 무게, 빛이 드는 방향, 공기의 흐름, 창밖의 풍경, 그리고 그 속에서 편안함을 느낄 수 있는 순간들을 디자인하는 일이다. 건축주의 성격, 취향, 감정, 살아온 궤적이 녹아든 공간. 그 사람만의 온도와 리듬이 담긴 집. 외부가 포트폴리오라면, 내부는 그 사람의 진짜 인생이다. 그래서 나는 외부보다 내부를 먼저 설계하고, 그 내부에서 출발한 흐름이 자연스럽게 외부로 이어지도록 한다. 보여주기 위해 짓는 집이 아니라, 살고 놀기 위해 존재하는 집.

32
1층 소통의 공간

    가장 먼저 각 층의 컨셉을 잡았다. 1층의 컨셉은 '소통의 공간'. 나 자신과의 소통, 타인과의 소통, 그리고 세상과의 소통이 자연스럽게 이루어지는 공간을 만드는 것이 목표였다. 이 소통을 가능하게 하는 세 가지 주요 요소는 창문, 바닥, 층고였다.

    첫 번째는 창문이다. 창문은 단순한 개구부가 아니다. 집 안과 바깥세상을 이어주는 감각의 통로

이자 시선의 창이다. 이 집에는 폴딩도어를 적용했다. 일반적인 가정용 주택에서는 잘 쓰이지 않는 방식이다. 단열이 약하고 벌레 유입이나 보안 문제 등 현실적인 단점이 있기 때문이다. 그러나 이 집은 '사는 집'이 아니라 '노는 집'이다. 자연과의 연결, 감각의 해방이 무엇보다 중요하다. 폴딩창을 완전히 열면 실내와 실외의 경계는 사라지고, 집 안은 마당이 되고 자연은 거실이 된다. 바람이 스치고, 햇살이 밀려들고, 숲의 소음이 배경음악이 되는 그 순간, 좁다는 느낌은 사라지고 공간은 확장된다. 폴딩창은 단순한 장식이 아니라, 자연과 하나가 되는 삶의 도구이다.

두 번째는 바닥이다. 바닥은 공간의 분위기를 결정짓는 중요한 요소다. 이번에는 일반적인 마루나 강화마루가 아닌, 유럽의 광장이나 보행로를 연상케 하는 무늬의 타일을 선택했다. 이는 단지 외형적인 선택이 아니었다. 1층은 실내이면서 동시에 외부와 가장 밀접한 공간이다. 향후 마당이나 테라스와 연결될 수 있기에 바닥의 재질과 패턴은 물 흐르듯 자연스럽게 이어져야 했다. 이 타일은 발 아래에서 시각적으로 공간을 확장시키고, 소통의 흐름을 바닥으로까지 연결해준다. 1층 전체가 하나의 광장처럼 작동하길 바랐다.

세 번째는 층고다. 이 집의 1층 층고는 무려 3미터로 설정되었다. 이 정도의 층고는 작은 집에선 파격적이라 할 수 있다. 좁은 면적을 넓게 보이게 하려면 수평보다 수직이 중요하다. 층고가 높아지면 단순히 '넓어 보이는' 것을 넘어, 숨통이 트이고 쾌적해지는 효과가 생긴다. 게다가 높아진 층고는 창의 위치와 각도를 조정할 수 있는 여유도 생기고, 시선의 방향을 위로 끌어올리는 감성적 개방감도 얻을 수 있다. 물론 단점도 있다. 계단이 길어지고 건축비가 증가할 수밖에 없다. 하지만 나는 이 단점을 감수할 가치가 충분하다고 판단했다. 특히 '노는 집'에서의 소통은 시야의 개방과도 밀접하게 연결되어 있으므로, 이 높이는 감각적 경험의 질을 끌어올리는 결정적 요소가 되었다.

이처럼, '1층'은 단지 출입을 위한 층이 아니라, 세상과의 연결 지점이자 감각이 깨어나는 층이 되도록 설계되었다. 소통을 위한 구조는 공간의 고정된 틀이 아니라, 삶의 태도를 담는 그릇이기 때문이다.

33
2층 휴식의 공간

2층의 컨셉은 '휴식의 공간'이다. 누구에게도 방해받지 않고, 스스로를 회복할 수 있는 공간. 침대 하나만 두는 방이 아니라, 몸과 마음이 모두 쉬어 갈 수 있는 집 속의 셸터를 만드는 것이 이 공간의 핵심이었다.

건축주가 가장 걱정한 부분은 "욕실과 화장실을 이 좁은 구조 안에 어떻게 넣느냐"는 것이었다. 3층 구조, 좁은 대지, 한정된 면적 안에서 해답은 계단 옆, 구조의 틈새였다. 그 자투리 공간에 유리 욕실과 화장실을 하나로 결합한 럭셔리한 미니 공간을 설계했다. 시각적 개방감을 위해 유리 마감을 사용했다. 건축주는 프레젠테이션에서 이 구성안을 보자 환호했다.

작은 집일수록 욕실과 화장실은 절대 타협해선

안 된다. 욕실의 불편함은 매일의 불만으로 이어지기 때문이다. 이 작은 유리 욕실이 주는 만족감은 공간의 크기를 뛰어넘는 것이었다.

침실은 또 하나의 핵심이었다. 단순히 잠을 자는 곳이 아니라, 건축주의 정체성을 담은 감각적인 쉼

터가 되어야 했다. 나는 창문의 위치와 구성에서도 '감정의 흐름'을 설계했다. 경치가 가장 좋은 방향에는 최대한 큰 파노라마형 통창을 배치해, 아침에는 햇살이 스며들고 저녁에는 붉은 노을이 들이치는 풍경을 실시간으로 감상할 수 있게 했다. 누워서 바라볼 수 있는 높이에 설치한 이 창은, 눈이 닿는 모든 시간을 위로하는 자연의 스크린이었다. 반대편에는 개폐 가능한 격자형 창을 설치해 자연 환기 기능을 갖추는 동시에, 작은 프레임 안에 마을 풍경을 아기자기하게 담아냈다. 이 작은 창을 통해 보이는 시골 마을의 담백한 풍경은, 파노라마 창이 주는 스펙터클과는 또 다른 정서적 울림을 준다. 마치 갤러리에 걸린 풍경화를 보는 듯한 감각이다.

내부 마감재는 모두 자연 소재로 구성했다. 벽과 천장은 편백으로, 바닥은 원목마루를 사용해 숲속 오두막처럼 따뜻하고 향기로운 공간을 완성했다. 이 공간은 단지 '2층 침실'이 아니라, 지친 마음이 돌아올 수 있는 곳, 세상에서 가장 안전한 혼자만의 세계였다.

34
3층 취향의 공간

3층은 다락이라는 전략적 사치를 반영했다. 이 집은 작지만 총 3층 구조를 가지고 있다. 그 마지막 층인 3층, 정확히 말하면 '다락'이다. 건축법상 다락은 건축 연면적에 포함되지 않는 '서비스 면적'으로 분류된다. 쉽게 말하면, 법적으로 인정받지 않지만 활용 가능성은 무궁무진한, 마치 보너스 같은 공간이다. 하지만 이 '서비스 면적'이라는 단어가 주는 기대와 달리, 다락 설계에는 엄격한 법적 기준이 존재한다. 대표적으로 다음 세 가지 요소가 법적으로 제한된다.

1. 천장고
다락으로 인정받기 위해서는 천장고(층고)가 1.5미

터 이하(경사진 층고의 경우 1.8미터)여야 한다. 이 높이를 초과하면 다락이 아닌 정식 층으로 간주되어 건폐율 및 용적률에 포함된다. 즉, 잘못 설계하면 법 위반이 되거나 전체 구조계획이 무너질 수 있다.

2. 위치

보통 다락은 최상층의 경사지붕 하부에 설치해야 하며, 평지붕 형태의 구조에서는 다락으로 인정받지 않는 경우도 있다.

3. 면적

다락의 면적은 아래층 바닥면적의 50% 이하로 제한되는 것이 일반적이며, 건축 조례나 지역별 규제에 따라 다소 차이가 있다. 따라서 허용 범위 내에서 공간 구성을 매우 전략적으로 해야 한다.

이처럼 다락은 단순히 '쓸모 있는 여유 공간'이 아닌, 건축 법규를 정밀하게 이해하고 해석해야만 비로소 설계에 반영될 수 있는 고난도 과제다. 계획 없이 무턱대고 만들면, 결국은 사용할 수 없는 공간이 되거나, 그저 짐을 억지로 쌓아두는 불편한 창고로 전락할 수 있다.

나는 이러한 법적 제한을 충분히 고려해, 물리적 한계 안에서 최대한의 경험과 정서를 담을 수 있도록 디자인을 구성했다. 예컨대, 층고 1.5m 이하라는 규정은 다소 답답함을 유발할 수 있지만, 좌식 생활과 휴식 중심의 공간 구성, 앉거나 눕는 동선을 중심으로 한 동선 계획, 자연광을 유입할 수 있는 창의 배치 등을 통해 오히려 안정감과 은밀한 아늑함을 극대화할 수 있었다. 또한 공간의 높낮이를 정교하게 조절하여, 사용자가 의도한 목적에 따라 자유롭게 공간을 사용할 수 있도록 디자인했다. 낮은 곳은 짐 보관, 높은 곳은 명상이나 독서를 위한 공간 등 기능별 분할과 시선의 분산을 통해 공간 밀도를 완화했다.

그리고 이 다락에 상징적인 장치, 천창을 넣었다. 천창은 물리적 공간이 아닌 감정의 창이었다. 누웠을 때 밤하늘을 올려다보는 경험, 작은 공간에서 무한히 확장되는 하늘과의 연결감은 단순한 공간 이상의 울림을 줄 수 있었다. 물론 천창은 관리상의 부담과 누수 위험 등 기술적 고려가 필요한 요소지만, 이런 요소들이 주는 불확실성조차 기획의 일부로 담아낸다면, 오히려 다락은 집에서 가장 특별한 경험의 장소가 될 수 있다.

다락은 잘 만들면 선물이지만, 잘못 만들면 애물단지다. 작지만 온전한 자유. 그 자유를 담아낼 수 있는 다락은, 작은 집에서 누릴 수 있는 가장 사적인 럭셔리였다.

35
집의 외관

집은 결코 혼자 존재하지 않는다. 늘 주변 환경과의 관계 속에서 평가된다. 특히 외관은 지나가는 사람에게 무언의 인상을 남긴다. 그것은 건축가에게는 일종의 포트폴리오이자 선언문 같은 존재이다. 하지만 집은 결국 건축주의 것이다. 외관은 사회적 존재로서의 집을 대표하고, 내부는 사적 존재

로서의 집을 완성한다. 공공성과 개인성, 그 균형이 중요하다.

나는 이 집의 외관에도 두 가지 키워드를 정했는데, 그것은 '차별화'와 '조화'이다. 큰 특징이 없는 작은 마을에서 이 집은 어떻게 '튀지 않고' 돋보일 수 있을까? 어떻게 마을과 어울리면서도 '이 집만의 정체성'을 가질 수 있을까?

나는 이 집에서 '높이'라는 요소에 주목했다. 이 집이 들어설 동네는 오래된 저층 주거지였고, 대부분의 건물은 1~2층 규모의 낮은 형태였다. 교회를 제외하곤 수직적 상징이 거의 없었다.

나는 그 풍경 속에서 오히려 '층고'에 차별화의 가능성이 있다고 보았다. 단순히 남들보다 높게 짓겠다는 의도가 아니라, 이 집이 이 지역 안에서 하나의 '감정적 좌표'가 되기를 바랐다. 그리 크지 않지만 눈에 띄는, 튀지는 않지만 기억되는 공간. 나는 그것을 '마음의 랜드마크'라고 불렀다.

그래서 집의 층고를 의도적으로 높였다. 시각적으로는 외부 풍경과의 긴장감을 부드럽게 형성하고, 내부적으로는 소리의 반향과 공기의 흐름, 빛의 움직임을 최적화했다.

 이 집은 주변과 조화를 이루되, 은은한 존재감으로 자리 잡았다. 낮은 지붕들 사이에서 고개를 살짝 내민 이 공간은, 단지 한 사람의 집이 아닌, 그 동네의 감정적인 기준점처럼 서 있다.

 외벽 색상에 대해서는 처음에 내가 검은색을 제안했다. 우리나라에서는 다소 낯선 선택이지만, 북유럽이나 프랑스 전원의 고급 주택에서는 검정 외벽이 주는 강렬한 인상과 절제된 아름다움이 자주 활용된다. 검정은 빛을 머금지 않고 반사하지 않기에, 대신 풍경을 끌어안는다. 바람, 나무, 하늘, 그리고 계절의 변화가 외벽 위로 고요하게 드러난다. 검정은 튀는 색이 아니다. 오히려 모든 색을 끌어안는 '완성된 색'이며, 배경 속으로 물러나면서도 깊은 존재감을 남기는 색이다.

 무엇보다 이 마을에는 검은색 외벽을 가진 집이 단 하나도 없었다. 나는 그 점을 시각적 차별화의 기회로 보았다. 그 어떤 장식 없이도 강한 인상을 줄 수 있고, 주변 풍경과의 대비 속에서 이 집이 작지만 견고한 오브제로 작동하기를 바랐다. 나무나

돌, 금속 등 다양한 재료와도 잘 어우러지는 색이기에, 소재감이 드러날수록 더 깊이 있는 공간감을 줄 수 있다는 점에서도 매력적이었다.

하지만 시공 단계에서 건축주는 흰색을 선택했다. 그는 말했다.

"흰색은 흔하지만, 질리지 않아요. 무엇보다 정결하고, 밝고, 오래 봐도 마음이 편안하죠."

그의 말처럼 흰색은 어떤 풍경과도 조화를 이루고, 계절과 빛에 따라 표정을 바꾸는 유연한 색이다. 그리고 그가 매일 마주하게 될 풍경은, 무엇보다 그에게 편안해야 한다.

나는 그 선택을 기꺼이 수용했다. 결국은 건축주의 삶을 담는 그릇이기 때문이다. 그 사람이 머무는 곳이자, 살아가는 배경이기 때문이다.
외관이 마침내 완성되었을 때, 나는 늘 해오던 습관처럼 스스로에게 네 가지 질문을 던졌다.

이 집은 단순한가?(simple)

이 집의 지붕은 가장 안정적이고 전통적인 형태인 박공 구조를 기반으로 했다. 박공 지붕은 눈이나 비가 잘 흘러내리도록 설계된, 가장 오래되고 검증된 형태다. 나는 여기에 실용성과 시공 편의성을 더해 살짝 비대칭으로 변형했다.

벽체는 직선 구조를 따랐다. 곡선이나 장식적인 요소를 배제하고, 수직과 수평의 선만으로 공간을 정리한 것이다. 이런 직선 구조는 단순히 시각적으로 깔끔할 뿐 아니라, 기능적으로도 설계와 시공이 효율적이며 유지관리 측면에서도 유리하다. 무엇보다도 심리적으로 안정감을 준다. 인간은 본능적으로 반복적이고 예측 가능한 구조에서 편안함을 느낀다. 수직과 수평이 명확한 선은 시선을 차분하게 정리하고, 공간에 긴장을 줄이게 한다.

결국 이 집은 지붕의 경사선과 벽의 직선이 만나 이루는 질서 있는 단순함 속에서, 기능성과 미감을 모두 만족시키는 구조로 완성되었다. 작지만 심플하고, 단순하지만 결코 가볍지 않은 집.

이 집은 놀라움을 주는가?(surprising)

놀라움은 언제나 예상 밖에서 온다.

사람들은 작은 집이라 하면 당연히 '답답하고 단순하겠지'라고 생각한다. 그런데 막상 문을 열고 들어섰을 때, 전혀 다른 세계가 펼쳐지면 감탄은 자연스럽게 터져나온다. 이 집은 바로 그런 구조였다. 겉으로 보기엔 평범하고 작지만, 내부에 들어온 순간 '이게 어떻게 가능한 거지?'라는 반응이 생겨나는 집. 그 놀라움의 이유는 명확했다. 작다, 높다, 그리고 생소하다.

첫째, 작다.

총면적이 크지 않지만, 평면을 기능적으로 효율화하고 동선을 정교하게 설계함으로써 면적 대비 체감 공간을 극대화했다. 작은 공간 안에서 불필요한 요소를 제거하고, 필요한 기능만 남겨 공간 밀도를 높였다. 덕분에 방문자는 '작은데 전혀 작게 느껴지지 않는다'는 반전의 감정을 경험한다.

둘째, 높다.

이 집의 내부는 천장을 일반 주택보다 훨씬 높게 설계했다. 층고를 높이면 물리적 공간은 물론 심리적 공간까지 확장된다. 사람은 본능적으로 천장이 높을 때 해방감을 느낀다. 높이는 단순한 수치가 아니라 감정의 여유를 만드는 건축적 장치다. 특히 작은 집일수록 높이는 더욱 강력한 효과를 발휘한다. '작지만 높은 집'은, 상상과 현실의 간극을 가장 드라마틱하게 만들어낸다.

셋째, 생소하다.

공간 곳곳에 숨겨진 장치들(틈새를 활용한 수납, 예상치 못한 시선의 방향, 좁은 계단 뒤에 숨어 있는 작은 화장실)는 이 집만의 독특한 경험을 만든다. 익숙하지 않은 구조와 새로운 동선은 신선함을 준다. 이는 단순한 '보기 좋은 집'이 아니라, 직접 살아보고 싶어지는 집을 만든다.

이 집은 건축주와 어울리는가?(Relevant)

집은 결국, 그 사람을 닮아야 한다. 아무리 디자인이 뛰어나도 그것이 건축주의 정서, 라이프스타일, 삶의 가치와 맞지 않는다면, 그 집은 오래 머무를 수 있는 공간이 되지 못한다. 공간이란 단지 '사는 곳'이 아니라, 그 사람이 어떤 사람인지 말없이 보여주는 또 하나의 얼굴이기 때문이다.

최윤서 씨의 집은 그 점에서 아주 자연스러웠다. 깔끔하고 차분한 외관, 군더더기 없는 내부 구성, 그리고 작지만 뚜렷한 취향이 담긴 다락까지—모든 요소가 그 사람의 결을 고스란히 담아내고 있었다.

윤서 씨는 조용한 사람이었다. 말수가 많지 않았지만, 그의 말에는 늘 맥이 있었고, 가볍지 않았다. 그 조용함은 집의 외관에 담겼다. 과도한 장식 없이도 단단한 인상을 주는 매스, 절제된 색감, 균형 잡힌 비례. 눈에 띄진 않지만 오래 남는 첫인상처럼, 이 집도 그렇게 마을 안에 스며들듯 자리했다.

그는 부드럽지만 강한 사람이었다. 타인을 배려하

면서도 자신의 중심은 명확히 지키는 사람. 그 감성은 공간에서도 느껴졌다. 따뜻한 소재와 부드러운 빛, 여백이 많은 공간 속에도 기능과 질서는 분명히 있었다. 수납 하나, 문틀 하나에도 불필요한 것은 없고, 필요한 것은 정확히 존재했다. 부드럽게 감싸되, 중심은 단단했다.

집 안으로 들어서는 순간, 겉으로는 절제되어 있지만 그 안에는 스스로를 위한 당당한 여백이 있다. 남을 의식하지 않고, 자기만의 기준으로 설계된 높이. 그 높이감은 소리 없이 말한다.

"나는 나답게, 그리고 단단하게 여기에 있다."

그리고 다락이 있었다. 작고 은밀한 공간이지만, 그 안에는 오롯이 최윤서 씨만의 취향과 사유가 담겨 있었다. 밖에서는 보이지 않지만, 스스로에게만 허락된 시선과 깊이. 나는 그 다락을 이 집의 '조용한 자존감'이라고 부른다. 말하지 않아도 전해지는 내면의 중심. 겉으로 드러내지 않지만 확실히 존재하는, 윤서 씨의 마음처럼.

이 집은 독창적인가?(Original)

광고계에는 이런 말이 있다.

"광고는 광고인이 아니라, 광고주가 만든다."

그 이유는, 광고는 '대행'이기 때문이다. 아무리 좋은 아이디어를 냈다 해도 광고주가 사지 않으면 그 안은 세상에 나올 수 없다. 아이디어는 설득당해야 비로소 세상에 태어나는 것이다.

나는 광고인이었다. 광고인들은 남이 이미 한 것을 극도로 꺼린다. 남의 것을 베끼는 건 단순한 나쁨이 아니라, 창작에 대한 예의 위반이다. 그래서 나는 집을 디자인할 때도, 누가 어디서 봤던 익숙한 형태가 아니라, '이 사람만을 위한, 세상에 단 하나뿐인 집'을 만들어야 한다는 마음으로 임한다. 최윤서 씨는 내게 그런 창작의 에너지를 기꺼이 믿고 맡긴 분이었다. 그의 믿음은 나를 열심히, 더 진심으로 달리게 만들었다. 나는 '비싸고 좋은 집'을 만들고자 한 것이 아니었다. 그저, 이 마을에, 아니, 이 세상에 없었던 집을 만들고 싶었다.

나는 확신했다. 적어도 이 집은, 반경 수십 킬로미터 안에서는 단연코 보기 힘든 집이 될 거라고. 작지만 흔하지 않고, 조용하지만 분명한 감각이 담긴 집. 남의 눈을 의식하지 않고, 자기 삶에 집중하는 사람에게만 허락되는 구조.

그 집이 완성되던 날, 나는 생각했다. 이건 집이 아니라, 그 사람과 나 사이에 태어난 하나의 아이디어다. 그리고 다행히, 그 아이디어는 세상에 나왔다.

이 네 가지 질문에 "그렇다"라고 대답할 수 있었을 때, 나는 비로소 안심할 수 있었다. 이 집은 단순했고, 놀라웠고, 건축주와 어울렸고, 무엇보다 독창적이었다. 그래서 나는 이 집이 이 마을에서 조용히 빛날 것이라는 믿음을 가질 수 있었다.

1장 노는 집 건축가 이야기

2장

최윤서의 집짓기

36
최윤서의 집짓기 여정

나 최윤서의 집에 관한 이야기를 시작하려 한다. 어느 시점에서 내 삶의 전환점이 왔다. 삶을 대하는 생각이 바뀌고 또 달라지면서, 어느새 나머지 시간들에 대한 내 삶의 여정을 어찌하면 나답게 살다가 떠날 것인가를 생각하게 되었다. 결코 내게 남은 시간이 많지 않다는 것을 서서히 느껴가고 있었다. 아니, 더 솔직하게 말하면 스스로에게 시간이 얼마 없음을 자꾸만 되뇌이며 상기시키고 있었다. 언제라도 가벼운 마음으로 떠날 수 있도록 말이다.

20대 중반에 주택을 구입하고 결혼생활을 시작하면서 20대 후반부에는 집 전체를 리모델링하는 큰 공사에 돌입했다. 그 과정에서 배우자와 적지 않은 의견 충돌이 있었다. 결국 내 의견은 전혀 반영되지 않았고 그때부터 마음에 실금이 서서히 생기고 있었다. 그 후 내 머리속에는 건축에 대한 관심이 싹텄다. 아니, 언제가는 꼭 내 생각이 녹아있는 그런 공간을 만들겠다고 다짐했다.

여행을 가면서 골목 구석진 작은 집을 찾아다니며 걸음을 멈추고 집 구경이 취미가 되었고 건축 박람회마다 먼 거리도 마다하지 않고 찾아다녔다. 다시 공부한다면 건축을 디자인하고 싶다는 생각이 들었다. 젊은 날에 일본 여행을 가기 시작하면서 작은 집에 대한 시각이 달라지면서 좀 더 구체적인 도안을 머릿속으로 그려나갔다.

그 후에 오사카에 있는 아주 작은 평수의 단독주택을 우연히 발견했다. 특히, 이 집을 설계하고 직접 지은 건축가가 이렇게 말했다.

"자연을 사랑한다면 그 자연이 주는 가혹함마저도 받아들여야 한다."

내 여정의 끝자락에는 미니멀한 작지만 생활하는 데 최소한만으로 기본이 갖춰진 실용적인 공간, 그러나 불편함을 받아들이는 것이다. 편리함의 공간은 모두가 알다시피 바로 아파트가 아닌가.

그 후에 또 한 번의 기회가 찾아왔다. 오래된 구옥을, 거의 폐가로 남아있던 한옥을 게스트하우스로 개조하는 일이었다. 약 11개월 동안 손수 전통 한지를 36,000장을 풀로 붙여가면서 힘들었지만 하루하루 달라지는 형태를 보면서 묘한 성취감도 있었다. 작은 골목 안길이라 설비는 아들의 소형 포크레인으로 도움을 받았다. 직접 문살을 솔로 문지르고 닦고 페인팅도 하면서 전문가의 도움이 필요한 부분은 의뢰하고, 내가 할 수 있는 것들은 재료 구입부터 한옥집의 도배까지 직접 했다. 덕분에 전통 한지 도배에는 어느 정도 경험이 자산이 되었지만 후에 목디스크로 한참을 병원 신세를 져야만 했다.

그리고 시간은 흐르고 흘러서 그 즈음 우연한 기회가 찾아왔다. 평소에 가까운 지인이 자신의 바로 옆에 꽤 넓은 땅과 작은 집이 매물로 나왔다고 해서 한달음에 달려가서 보았더니, 오래전에 그 집을 지을 때 오가며 정원에 앉아서 저곳에 집을 지어서 살았으면 정말 양지바르고 좋겠다며 손짓하던 바로 그 언덕 위의 터가 아닌가. 꿈인가 하면서 놀라웠다.

마침 내게는 반쪽짜리 분할 받은 작은 땅이 있었다. 이 땅이 내게 와서 인연이 되려고 그랬는지 땅 매매로 받은 금액이 그 땅을 구입하고도 약간의 공사비가 남을 것 같아서 다음 날에 바로 계약을 하고 공사를 감행했다. 혈기왕성한 40대 중반이었던 걸로 기억한다. 그곳에 12평의 공간이 덩그러니 있었는데 손수 타일과 재료들을 다니며 보고 또 고르고 페인팅 작업도 직접 하면서 그때그때 필요한 일일 노무자들과 한겨울에 공사를 시작했다. 직접 1.5톤 트럭을 몰고 철근을 싣고 나르고 데크를 설계하고 구도를 잡아서 노무자들과 의논하며 지어나갔다.

그곳은 시내와 가까운 거리임에도 청정지역 그 자체였다. 자연이 우리에게 주는 신비함과 특권들, 그리고 불편함을 감수해야 하는 용기와 인내가 필요한 곳이었다. 한여름엔 수많은 모기와 벌레들과 반딧불, 청량한 공기와 사계절 내내 뻐꾸기, 부엉이, 새소리가 아침잠을 깨우는 그곳을 15년을 가꾸며 자연을 한껏 누리며 행복한 공간을 만들어갔다. 각종 과실나무들, 포도, 대봉감, 자두, 사과, 복숭아,

아로니아, 딸기, 호두나무 30그루를 심고, 넓은 데크 안에 텃밭을 만들어서 모든 야채는 자급자족은 물론이고 철마다 가까운 지인들과 나누는 재미 또한 쏠쏠한 일상의 행복이었다.

그 즈음 딸아이가 결혼을 하면서 1년이 지난 무렵에 출산을 하면서 내 삶의 전환점이 찾아왔다. 아들, 딸 각자 결혼하고 모두가 안정기에 접어들어 그 어느 때보다 행복한 일상을 보내고 있었는데, 딸아이가 출산을 하고서 육아휴직 중에 몇 달을 울

면서 전화를 하면서 이 어미를 설득하기 시작하면서 나의 평온한 일상이 흔들리기 시작했다.

전업주부 22년간을 살다가 경력단절이 되어 어중간한 나이에 입사하기가 여간 힘들지 않았지만 나름 준비해둔 자격증 덕분에 그래도 취업할 수 있음에 감사하며 집과 직장을 오갔다. 그런데 어렵게 들어간 나름 만족스러운 직장에서 자리도 잡았는데 그만두고서 서울살림을 도와달라고 하는 것이 아닌가. 처음엔 완강히 거절했었다. 퇴직이 6년이나 남

아있는데 말이다.

어느 날 딸아이의 울음소리에 그만 와르르 무너져내렸다. 그래, 이까짓 일이 뭐라고. 저렇게 애원하는데 바로 결단을 내리고 사표를 내니까 모두가 의아스럽게 바라보았지만 어쩌랴, 내 자식이 원하는데 말이다. 이렇게 일주일에 4, 5일씩 서울살이가 시작되면서 KTX를 타고서 일주일에 한두 번씩 오가며 어느새 2년이란 시간이 흘렀다.

어느 날 서울에서 한 통의 전화를 받았다. 집을 사려는 사람이 있으니 팔라는 것이 아닌가? 내려오는 차 안에서 곰곰히 생각했다. 그래, 또 한 번의 기회일지도 몰라. 2주를 끙끙 앓으며 고민했다. 그리고 계약을 마치고 잔금을 받았다. 그토록 원하던 미니멀한 집을 지어보자.

일부러 가족들과 의논하지 않고 얼마의 시간이 흘렀다. 문제는 예상보다 너무 적은 금액이었다. 실망이 컸다. 허나 그 예산에 맞춰서 하면 된다는 생각으로 마음을 다잡았다. 나의 생각이 온전히 그 시점에 멈춰있었다. 처음부터 마무리까지는 온전히 내가 계획하고 실행하고 결과물에 대한 책임 역시

나 자신이 져야 한다는 각오였다. 그 즈음 서울을 오가며 컨설팅을 의뢰할 곳을 찾고 탐색하면서 땅도 찾아다녔다.

37
작은땅 찾기

그랬다. 작고 조그마한 땅을 찾기란 참으로 어렵고도 무모한 도전이란 걸 2년 7개월이 지난 지금에야 느낀 걸까. 가지고 있는 빠듯한 예산에 맞추려니 어쩌면 오랫동안 시간이 흐른 뒤에 나의 어리석음에 후회할지도 모른다는 생각이 들 때마다 마음을 다잡는다.

"아냐, 아냐. 간절히 원하면 이루어질 거야."

앞으로 남은 시간, 처음 목표했던 3년이 아직은 남았잖아. 근데 사실은 마음 한켠에는 조금씩, 조금씩 희망이 숨을 죽이고 있다는 걸 인정할 수밖에 없다.

시간 날 때마다 이 넓은 땅을 돌아다녔다. 그 안

에는 반드시 나의 오두막이 있을 거라고 믿으며. 처음에는 다 쓰러져 가는 빈집들을 공략하다가 깨달았다. 거의 대부분의 농가주택은 노부모님이 돌아가시면 바로 처분을 했었는데, 웬걸, 요즈음에는 거의 깔끔하게 리모델링해서 가족 게스트하우스로 사용하는 흐름이다 보니 그마저도 쉽지 않다.

그렇다고 택지개발해서 짓는 타운하우스는 더더구나 평수가 넓고 비용이 만만치 않아 엄두가 나질 않는다. 그래도 작은 집에는 오수, 하수, 전기, 이런 시설이 갖춰져 있기에 그냥 리모델링해서 바로 생활할 수가 있기에 그나마 예산을 줄일 수 있다.

그래, 남은 시간 동안의 목표는 명확하다. 작은 집, 집터, 대지.

"꼭 찾으리라!"

38
아주 작은 집, 만나다

어느날, 지인에게 연락이 왔다. 울산지역 복덕방에서 매물로 나온 아주아주 적은 평수의 집이 있다고. 바로 한달음에 달려갔다.

시내와의 짧은 거리, 주변 환경도 나름 풍광이 괜찮은 편이며, 무엇보다도 작은 평수에 작은 집, 무엇보다 중요한 적은 금액. 그랬다. 예산에서 딱이라는 생각을 했다.

가서 직접 보니 더 마음에 들었다. 운명 같은 만남이라고 생각되었다.

"하자, 나머지 예산으로 아담하게 꾸며보자."

한껏 들뜬 기분으로 다음날 계약을 걸었다.

39
집을 설계하다

난관이 찾아왔다.

몇 날, 몇 달 동안 유튜브를 뒤졌다. 어느 날 4평의 세컨드하우스가 눈에 들어왔다. 4평. 고개를 갸우뚱하며 과연 성급한 행동은 아닌지 의문이 들기도 했지만, 일단 연락처를 메모하고 바로 통화를 시도했다. 긍정적인 촉이 오는 걸 직감했다. 작은 터를 매입하고 진행하기로 마음 먹었다.

드디어 찾았다. 현장에 가서 보니 생각보다 집 내부가 괜찮아 보였다. 다음날 부동산에 연락해서 계약금을 걸었다. 그리고 일주일 후에 부동산에서 서류를 갖춘 계약을 성사하고서 잔금도 치루고, 바로 서울로 가서 작고 아담한 카페에서 그 분을 처음 만났다.

약 40여 분을 이야기 나누면서 지번으로 현장을

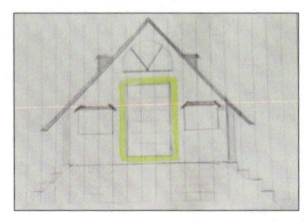
함께 보았고, 많은 공감대를 형성하게 되었으며 이 모든 대화가 내심 반갑게 느껴졌다. 작은 나의 노트에는 이미 오래전부터 그려온 작은 집의 밑그림들이 스케치되어 있었다. 그 그림들을 보면서 짧은 시간 동안에 많은 공감대가 형성되면서 생각들이 소통됨을 느낄 수 있었다.

우린 다음에 지방에서 다시 만날 것을 기약했으며, 돌아오는 차 안에서 나의 가슴은 설레임으로 들떠 있었으며 오랫동안 유지되었다. 다음에 현장에서의 만남을 기대한다.

40
컨설팅을 의뢰하다

현장에서 조우하게 된 날, 우리는 집을 둘러보며 생각보다 재밌는 공간이 될 것 같은 기분이 들었다. 아이처럼 해맑게 웃지 않을 수 없었다. 일이 생각보다 순조롭게 진행되는 것 같았다.

서울에서 세 네 번의 미팅을 하면서 제법 모양이 갖춰진 작은 공간. 비록 컴퓨터 그래픽으로 그린 그림이지만, 이미 눈앞에 내가 그린, 아니 작은집이 지어진 기분이었다.

꾸물거리지 않고 바로 시작하기로 하고, 전보다 더 많이 부지런히 건축박람회 현장으로 뛰어 다녔다. 그 결과 서울에서 진행된 어느 박람회에서 나무집을 짓는 업체를 만나 상담했고, 여러 세미나에도 참석했으며, 설명회가 있을 때에는 찾아 들으면서 더욱 빠져들게 되었다.

단 한 가지 의문이 든 것이 있다면 그것은 '건축비 직불제'였다. 하지만 난 목수들이 만든 회사라는 소리에 더 솔깃해서 의심의 눈을 가지지 않았다. 더 이상 망설일 이유가 없이 진행을 했다.

건축을 전제로 회사의 대표가 현장답사를 하기 위해 내려왔다. 의외로 긍정적인 반응을 보여서 내심 기쁜 마음이 앞섰으며, 나는 순수하게 나의 감정을 감추지 못하고 드러냈다.

현장에서 일정을 잡아서 팀원들을 꾸려서 기초부터 시공하기로 계약을 하며, 2주 후에 지방의 어느 설계사무소에서 각 담당 팀원들이랑 이렇게 5명이 의기투합해서 작은집을 만들기로 결의했다.

41
직불제 건축 덫에 걸리다

 처음부터 '직불제'란 단어를 쉽게 넘길 수 없었다. 그런데 아니나 다를까 시간이 갈수록 점점 걱정이 깊어졌고 어느 순간 더럭 겁이 났다.

"직불제 이건 뭐지? 철저하게 건축주를 배제한 규정?"

 나의 근심은 현실이 되었다. 한 주에 노무비만 약 800만원이 지출되었고 자재비랑 팀원들(4인) 숙식비까지 한 주에 천만원 이상 지출되었다. 온전히 건물주의 책임이니 어쩌면 당연한 일이라 스스로 마음을 안정시켜 보았지만 문제는 계속 이어졌다. 일의 속도는 점점 느려져 답답했지만 그렇다고 채근을 할 수도 없는 상황이라 매우 난감한 노릇이었다.

42
기나긴 무더위에 건축하다

 매년 여름마다 역대 최고치 온도라고 뉴스에 나오는데, 이때도 4월 말부터 길고 긴 폭염의 여름이 기다리고 있었다. 더위는 기막힌 현실을 더욱 암담하게 만들었다. 하지만 누가 날씨를 이기랴. 버티고 이겨내는 수밖에 없었다.

 거의 날마다 수박을 사다가 날랐다. 수박은 당시 건축주가 해 줄 수 있는 최상의 새참이었다. 폭염주의보가 내린 기간은 쉬고 그 다음에 이어서 일을 하는 건 어떤지 제안을 해보기도 했다.

 결과는, 거절!

 나는 다른 제안을 해보기도 했다.

"하루 8시간을, 오전에는 6시에 시작해 10시까지, 한낮에는 쉬었다가, 오후에는 3시부터 시작해 7시까지 일하면 어떨까요?"

이번에는 다들 그러자고 했다. 시간은 속절없이 빠르게 지났다. 문제는 생각보다 진전은 없었다는 점이다. 5주가 될 때도 그랬고, 6주가 될 때도 그랬다. 피가 마르는 것이 무엇인지 난 알 수 있었다. 스트레스로 인해 체중 또한 쭉쭉 줄어만 갔다. 문제는 현장의 모습이다. 언제나 느긋했고 여유로웠다.

건축주의 마음은 오직 건축주만 안다. 다른 사람은 관심조차 없다. 어느새 통장 잔고는 바닥을 보였다. 난 할 수 있는 대출은 모두 받았다. 더 마를 피가 있을까 싶었다. 그러는 동안 나의 마음은 이미 병들어 가고 있었다.

그리고 나는 정신을 차려 결심했다.

"그래, 늦었지만 지금이라도 멈추자."

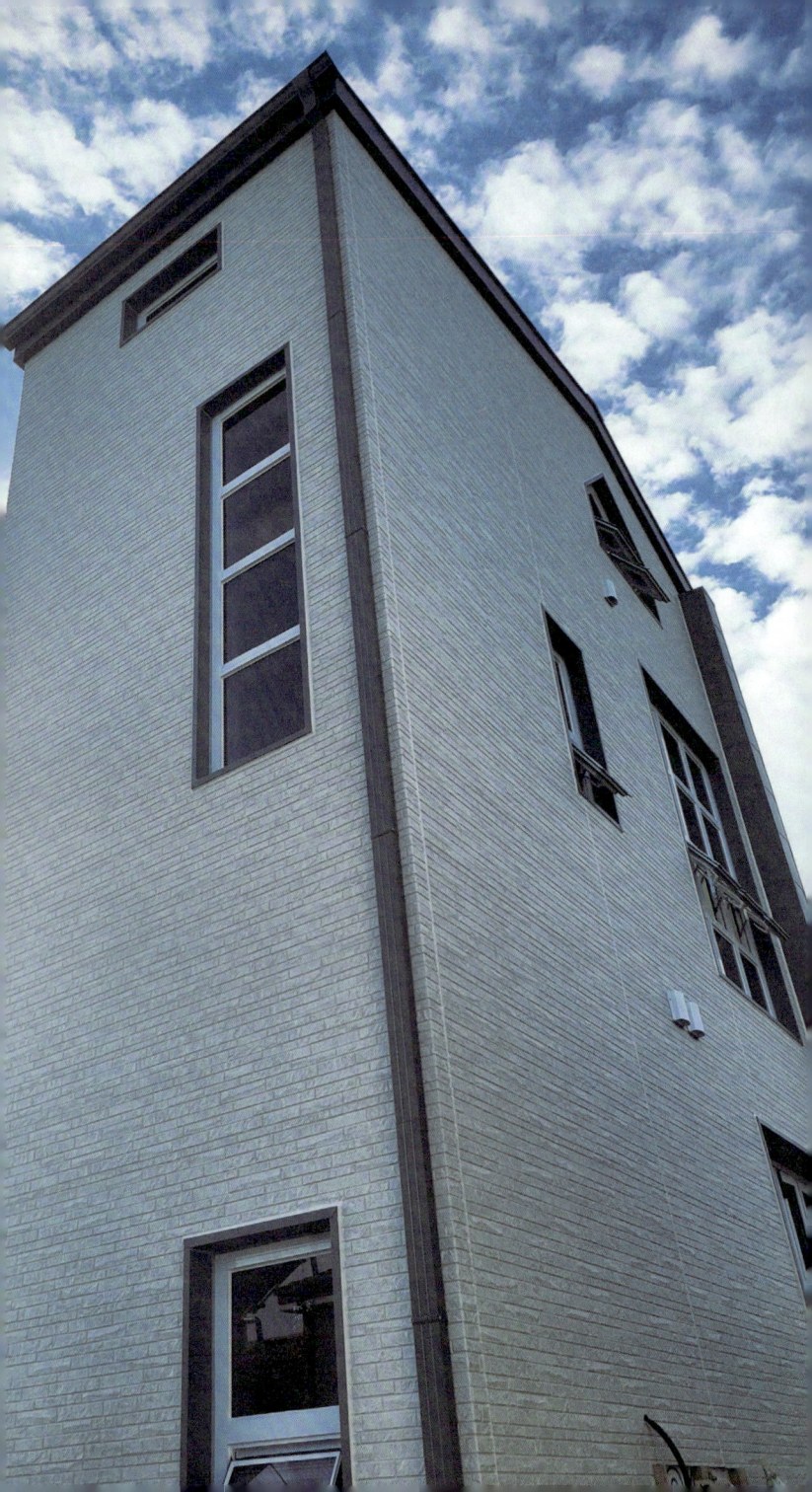

43
주저앉고 싶다

- 대장 면적 - 77.00
- 대지 면적 - 34.00
- 공제 면적 - 43.00
- 1층 - 15.78
- 2층 - 15.78
- 건폐율 - 46.41%
- 용적율 - 92.82%

작고 미니멀한, 군더더기 없는 일상에 온전히 시간을 내어주는 공간.

나의 꿈이 엄청나게 컸을까? 스스로에게 물어본다. 생각을 넘어, 예산을 넘어, 직불제란 덫에 통장의 잔고는 바닥이다. 대출은 한도까지 이미 선을 넘었다.

한동안 정신이 나간 상태였던 것으로 기억한다.

매일 모든 의욕이 나를 저만치 밀어내고 있었다. 하지만 난 아무에게도 이런 나의 속을 보이지 않았다. 문제는 덮거나 방치해서는 안 되는데 난 결국 병원에 가게 되었다. 난생처음으로 정신과를 방문하게 되었다. 진료 결과가 날 더욱 우울하게 했다. 약물치료와 함께 입원치료를 하는 것이 좋다는 것이다.

"헉. 숨이 멎을 것만 같았다!
내게 이런 일이 일어났다고?
잘 웃고 긍정적인 성격이어서 '하면 된다', '할 수 있다'는 신념과 소신으로 나름의 철학을 지키며 여지껏 살았는데. 와르르 무너지는 이 느낌은 뭘까?

44
절망하다

한 달 가까이 시간이 흐르고 있었다. 허탈감과 함께 사람에 대한 배신감은 나를 점점 바닥 더 밑으로 가라앉게 만들었다.

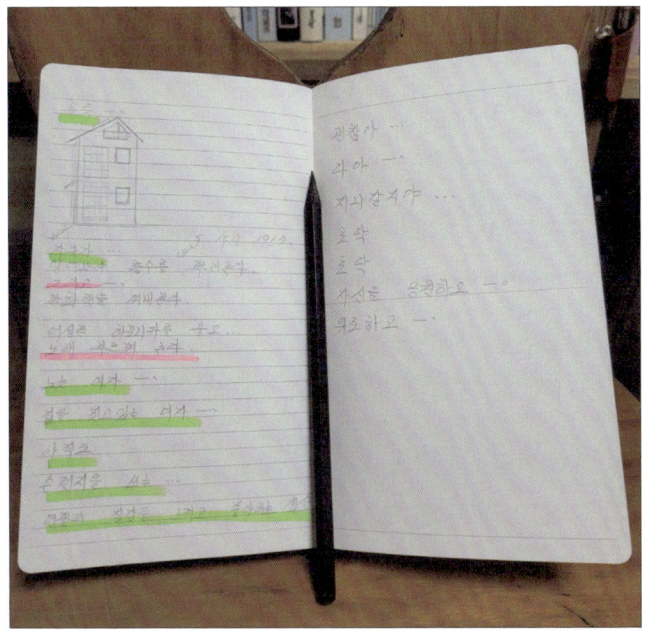

현장의 모습은, 마치 정지된 시간 안에 갇혀 철거되기 전 빈집의 환영이 보이기조차 하는 우뚝 솟은 공사의 현장이었다. 내가 원했던 작지만 웅장한 2층집은 사라지고, 과거로의 시간여행자가 되어버린 현실.

그리도 생생하게 건축주가 원하는 미니멀하고 군더더기 없으면서 심심하기까지한 집을 지어 주겠다고 장담했던 노무자 대표란 사람은 감감무소식이 되었다.

평단가 550의 적산은 81,720,100원
평단가 550만원

첫날부터 현장의 팀장과 팀원들은 이런 적산은 처음부터 말이 안 된다며 건축주인 나를 하루에도 몇 번씩 흔들기 시작했다.

도대체 어디서부터 잘못이 시작된 것일까. 난 다시 처음부터 되짚어 보지 않을 수 없었다. 그리고 나는 어느 결론에 도달했다. 그랬다. 분명했다. 건축은 사람이 하는 일이며 간단한 일이 아니다. 난

이 일을 하면서 사람을 너무 믿었다. 내 탓이다. 나의 과한 믿음이 이런 결과물을 만든 것이다.

첫 단추가 잘못 끼워지면 다 잘못되듯이, 신호가 있었을 때 단호하게 선을 그었어야 했다. 그 신호는 다음과 같았다. 회사에서 지정해준 기초팀장을 설계사무소에서 만났다. 회사에서 인정하는 실력자라며 나를 안심시켰는데, 정작 약속한 날 현장에는 다른 사람이 나왔던 것이다. 황당해서 회사에 전화를 하니 일정이 안 맞아서 어쩔 수 없다고. 마지막에 바꿔치기를 하는 듯한 이런 상황에 황당함을 느끼지 않는 사람이 있을까.

공정을 마냥 미룰 수 없으니 난 그냥 진행을 허락했다. 시작이 반이라는 생각으로, 긍정적인 마음을 가지고 시작을 한 것이다. 저 회사를 원망할 이유가 충분했지만 시간이 없는 나로서는 잘 될거라는 기대를 가지고 시작할 수밖에 없었다. 작은 집 건축의 일꾼으로 오는 것이 수익이 별로 크지 않을거라는 생각도 있었기 때문에 '어쩔 수 없어!'라는 생각이 매번 따라다녔던 것 같다.

45
마음을 추스리다

작년 12월 7일 계약을 했다. 그런데 곧 가을과 겨울이 다가오고 있다. 준비한지 3년이 지나고 4년. 공사 첫 삽을 뜬지 5개월. 처음에는 5주면 된다던 나의 작은 집이 이렇게 나를 힘들게 하는 고된 여정이 될 줄은 전혀 예상치 못했다.

살면서 몇 번의 리모델링과 신축을 하면서 이 바닥의 생태는 어느 정도 예상하고 있었지만 '건축주만을 위한 직불제'의 덫에 걸린 현실은 나를 애송이로 만들었다.

나만의 아름다운 집을 만들어 남은 여생 멋진 삶을 살겠다는 소망으로 평생 아끼며 모은 적잖은 금액을 바라보고 있었다. 이런 꿈을 꾸는 사람들이 많을 것이다. 난 그 꿈을 이룬 현실의 주인공이 되고 싶었다. 하지만 그 길이 왜 이렇게 순탄하지 않을까.

집을 짓는 것이 쉽다고 생각한 것은 아니다. 결코 만만한 일이 아니란 것은 알았지만 그 꿈을 이루는 것이 왜 이렇게 힘든단 말인가. 난 다시 마음을 추스렸다.

"아직 끝이 아니다. 실패한 것도 아니다. 나는 지금 현재진행형이다. 할 수 있다. 반드시 해내고야 말겠다."

나와 같은 꿈을 가지고 있는 분들이 있을 것이다. 나의 이 경험이 그분들에게 소중한 자료가 되길 바란다. 좌절이 아닌, 꿈의 성취가 되기를 응원하고자 나의 경험을 공유하려고 이 글을 쓰고 있는 것이다.

46
시간이 멈추다

 어리석은 건축주가 되어서는 안 된다. 의도는 그렇지 않았더라도 어느 순간 그렇게 될 수 있다. 나처럼. 마무리 공정을 하지 못한 이 상황, 그리고 그 안에서 벌어진 배신감, 무너진 신뢰감으로 인한 불신은 많은 건축주들이 겪을 수 있는 결과다. 그래서 스스로에게 경고를 하는 것이 반드시 필요하다.

 철저히 공부하고, 좀 더 준비하고, 이중 삼중으로 의심해야 한다. 그래서 건축주는 타인의 혀끝에 혹하거나 휘둘려서는 안 된다.

 난 오늘도 새벽공기를 가르며 출근한다. 나머지 공정을 위한 마무리가 아직도 멀었다. 하지만 난 성실하게 일하며 하나씩 비워진 공정을 채울 것이다. 난 매일 같이 이런 생각을 한다.

이 또한 지나가리라.

결국 나의 작은집을 완공될 것이다.

그 집에서 나의 또 다른 꿈을 위한 마음집을 건축할 것이다. 오늘도 내일도 나의 집을 지을 것이다.

47
결단을 내리다

현장관리팀장이 약속했었 말이 떠오른다.

"추석 이전에 마무리합니다."

추석은 이미 지났다. 5주면 완성된다던 작은 집의 계단과 천장은 아직도 마무리가 될 조짐이 보이지 않는다. 7월 초 기초를 시작으로 한 공사가 3개월이 다 되어간다. 시간은 나의 마음도 모르고 속절없이 흐르고 있었다.

2주가 지나기 전, 현장으로 가서 팀원들과 마지막 점심식사를 하며 악수를 하고 나왔다. 마무리가 되지 않은 상황이었지만 난 공사를 중단할 수밖에 없었다.

한동안은 멍한 상태로 지낸 것 같다. 다시 정신

차리고 현장으로 달려가 보았다. 시간은 어느덧 4주가 지나고 있었고 현장은 누가 보더라도 정지된 듯했다. 온통 너부러진 쓰레기와 나무만이 공사 때의 모습을 예상케 했다. 비를 맞고 있는 50여 장의 석고보드도 눈에 들어왔다. 내 마음은 그 어떤 희망의 색을 찾아볼 수 없는, 회색빛으로 흘러내리고 있었다.

그 순간 정신이 번쩍 들었다. 마음을 추스려 당장 연락을 할 수 있는 인부들을 불러 장비 정리와 쓰레기 뒷정리를 했다. 주변 정리를 말끔히 하고 나니 묘한 허탈감이 밀려왔다.

시청에서 완공허가를 받고 곧장 법원 등기소를 찾아가 접수를 했다. 열흘 뒤에 등기 완료! 정식으로 허가를 받은 나의 작은 집. 등기 서류를 보니 그동안의 고난의 여정이 떠올랐다. 어찌나 서럽던지 서류를 안고서 돌아오는 차 안에서 거의 통곡의 울음을 쏟아냈다.

48
작은 집의 완성

"그래, 세상에 그냥은 없잖아."

그동안의 일들을 곰곰이 생각해보았다. 아득하면서도 긴 무더운 지난 여름날의 혹독함이 지금의 집을 만든 것 같았다. 무엇이 나를 용기나게 만들어 여기까지 이끌었을까? 작은 집에 대한 열망만 떠오른다.

12평 정도 되는 작은 공간들이 수많은 사람들을 품는다는 것을 알고 있는가. 그러면 지금 쓰고 있는 집이라는 울타리가 얼마나 넓은지 깨닫게 된다. 그럼에도 불구하고 자꾸만 더 넓은 집을 갈구하고 꿈꾸지 않는가.

내가 만든 집은 그냥 세컨드하우스가 아닌 온전한 집이다. 안식과 휴식을 이어가며 살아가는, 숨

쉬는 일상과 평화로움을 제공하는 집. 오늘도 이 작은 집에서 온전한 행복을 누린다.

누군가 내게 작은 집 건축에 대해서 물어본다면 난 자신 있게 말할 수 있다.

"용기 내어 지으세요."

하지만 다음의 당부도 함께 덧붙일 것이다.

"결코 쉬운 일은 아닌, 고난의 아픔도 겪을 수 있어요."

세상에 그저 얻어지는 것은 없다는 것을 알고 있기에 그만큼 가슴 벅찬 결과물이 지금 내 앞에 선물처럼 펼쳐져 있지 않은가. 그래도 난 꼭 주의해야 할 것이 있다는 것을 신신당부하고자 한다. 도급이던 직불제이던 하나하나 꼼꼼히 챙겨보자. 여러 번 두들겨서 확인하고 검증해봐야 하며, 직접 눈으로 보기 전에 믿지 말아야 한다. 결론적으로 말하면 결단코 쉬운 일이 아니었다.

집을 완성하는 과정에 겪는 어려움을 말한 건데, 그것을 다 넘게 되면 드넓은 초원 위에 그려왔던 작고 아담한 누옥이 보인다. 지나가버린 힘든 집짓기의 고난 이야기가 주마등처럼 스치겠지만 그래도 결과물의 희열이 훨씬 커 시작을 꼭 해보라고 말해주고 싶다.

도전이 없으면 아무것도 이루어지지 않는다. 그러면 삶이 무의미하지 않을까. 육십 인생에 살아오면서 몇 번의 시행착오와 실패가 있었기에 지금의 나 자신이 있다고 확신한다. 여지껏 잘 버틴 나에게 대견스럽다고 말해주고 싶다.

난 지금 작고 사랑스런 내가 직접 만든 윤서재에 있다. 이 집을 남은 내 고귀한 삶에게 바친다. 토닥토닥하면 힘든 일은 지나칠 수 있다. 지금까지 그래왔듯이 나의 삶을 사랑하며, 앞으로 계속 미소 지으며 가꾸어 갈 것이다.

3장

노는 집의 완성

49
노는 집의 완성

최윤서씨의 집은 결국 완성되었다. 공사가 약 80~90% 정도 마무리되었을 무렵, 시공회사의 작업 지연이 계속되자 최윤서 씨는 더 이상 참지 못하고 과감히 공사를 중단시켰다. 남은 마감 공사는 직접 인부들을 수소문해 섭외하고, 자재를 하나하나 직접 구매해 자신이 직접 마무리했다.

이 과정은 결코 순탄하지 않았다. 기존 시공사가 보낸 작업 책임자는 이에 반발하며 부당노동행위로 그녀를 노동부에 고발하기까지 했다. 하지만 그녀는 지금까지의 과정을 조목조목 설명했고, 노동부 역시 그녀의 입장을 충분히 이해하며 고생과 무고함을 인정해주었다.

문제는 거기서 끝나지 않았다. 준공을 위해 반드시 필요한 서류들을 기존 현장책임자가 끝내 넘겨

주지 않으려 하며 또 다른 난관이 시작되었다. 서류 없이는 준공 신청조차 할 수 없었기 때문에, 그녀는 스스로 해결책을 찾기 위해 자재 납품처를 직접 찾아다녔고, 때로는 경찰을 동반해 설득해야 하는 상황에까지 이르렀다. 하지만 이미 시공사 측 인부들이 해당 거래처와 오랜 관계를 맺고 있었기 때문에, 건축주의 요청은 번번이 묵살되었다. 그야말로 사방이 막힌 막다른 골목이었다. 그럼에도 불구하고, 그녀는 포기하지 않았다. 모든 상황을 하나씩 풀어나가며 결국은 필요한 서류를 확보하고, 마침내 준공에 성공했다.

그녀의 의지와 끈기, 그리고 무너졌던 감정의 회복은 놀라운 승리였다. 사실 처음의 희망찬 시작과 설렘은 이런 고된 여정을 예상치 못했다. 무너진 신뢰, 초과된 공사비, 감정적 상처는 적지 않았지만, 그녀는 끝까지 자신의 집을 지켜냈다. 그리고 완성된 집은 기획자였던 나도 놀랄 만큼 훌륭하게 완성되었다.

디자인은 오히려 당초 계획보다 더욱 성숙해졌고, 마감재의 선택 역시 섬세하고 깊이 있는 감성으로 채워졌다. 그녀 스스로도 매우 만족했고, 지금은 그 집에서 매일의 생활을 누리며 자다가도 스스로를 칭찬할 만큼의 만족감을 느끼고 있다.

"이 집은 오직 나만을 위한 성이에요."

24시간 누구의 눈치도 보지 않고, 책을 읽고, 넷플릭스를 보고, 음악을 듣고, 잠들고 다시 깨어나는 일상. 그 작은 집 안에서 그녀는 비로소 '나답게 사는 법'을 실현하고 있다. 현재 데크와 조경은 아직 손대지 않은 상태지만, 그녀는 "이제는 좀 쉬면서, 여유 있게 마무리하고 싶어요"라며 천천히 진행할 계획이다. 사실 이 집은 바닥면적이 5평에 불과한 초소형 주택이기에, 내부와 외부를 자연스럽게 연결해주는 데크 공간이 구조적으로도, 심리적으로도 매우 중요한 요소였다. 당초 설계 단계부터 데크는 '공간의 확장'이자 '쉼의 장치'로 계획되었고, 작은 실내의 한계를 보완해줄 핵심 공간으로 기대되었다. 그러나 그간 예기치 못한 공사 지연과 직영 마감, 그리고 필수 서류 확보 과정 등에서 과도

한 자금이 소진되며, 현재는 재정적으로 상당한 압박을 받고 있는 상황이다. 또한, 외부 공사는 공공 시야에 노출되는 부분인 만큼, 혹시라도 인근 주민들 사이에 민원이 제기될 가능성도 고려해야 했다.

그녀는 무리한 추진보다는 시간을 두고 상황을 살펴보며, 보다 현명하게 접근하기로 마음먹었다. 지금은 비록 데크가 없는 상태지만, 오히려 그 빈자리가 향후 더 정교하고 감성적인 디자인을 위한 여백이 될 것이라 믿는다. 그녀의 말처럼, 이제는 숨을 고르며, 진짜 자신만의 리듬으로 남은 퍼즐을 완성해가려 한다.

결국은 결과가 좋았기 때문에 힘들었던 과정조차도, 이제는 의미 있는 여정으로 회상할 수 있다. 피해자였던 자신을 다시 주인공으로 되돌려 세운 이 집은 그렇게 그녀에게 다시 삶의 중심을 되찾아준, 가장 단단한 선물이 되었다.

50
윤서재 집짓기 리뷰

우여곡절 끝에 최윤서 씨의 집은 완성되었다. 하지만 이 여정은 결코 평탄하지 않았다. 이 모든 과정을 다시 한번 차근히 되짚어볼 필요가 있다. 최윤서 씨는 '자기만의 집'을 짓고 싶어 작은 집에 대한 정보를 찾던 중, 유튜브를 통해 나를 알게 되었다. 이후 직접 연락을 주었고, 첫 미팅 이후 내심 결정하고 있었던 구옥을 매입했다. 우리는 현장에서 다시 만나 건축 부지를 함께 살펴보고, 다양한 의견을 주고받았다. 서울에서 다시 만난 자리에서, 설계 이전에, 컨셉과 디자인에 대한 컨설팅 계약을 체결했다.

이것은 이 정도 작은 집으로서는 매우 예외적인 일이었다. 작은 집을 짓는 사람들 대부분은 설계비조차 아까워하며, "설계 조차 시공사에 맡기고 알아서 지어달라"는 의뢰가 많다. 이런 관행은 종종 집짓기 중간에 갈등과 분쟁을 불러오는 원인이 되곤 했다. 하지만 그녀는 달랐다. 집에 대해 진지했고, 자신의 니즈와 바람을 정확히 반영하는 집의 그림을 그리기 위해 설계 이전에 컨설팅까지 받은 것이다.

나는 그녀의 잠재적 니즈를 읽고 해석해 디자인 방향을 프레젠테이션했다. 다행히 첫 제안에서 깊은 공감을 얻었다. 이후 최윤서 씨의 지인이 소개한 건축지 인근의 건축사에게 설계를 맡겨 최종 도면을 완성했다. 이제 남은 것은 시공사 선정이었다. 그런데 바로 그 지점에서 모든 흐름이 엇갈리기 시작했다. 디자인이 완성되었다는 안도감, 혹은 나와 건축사에게 더 이상 부담을 주고 싶지 않았던 그녀의 배려심 혹은 자존감. 이유야 어찌 되었든, 그녀는 우리들과 사전 협의 없이 단독으로 시공사를 결정해버렸다.

나는 당연히 시공사 선정을 함께 도와줄 예정이었기 때문에 뒤늦게 통보를 받고 놀랐다. 조심스럽게 계약서를 보여줄 수 있냐고 물었고, 그녀가 내민

것은 정식 계약서라고 보기 어려운 표준 설명서 한 장이었다. 책임 분담도, 공정 계획도, 날인도 없는 계약서. 하지만 그녀는 이미 계약금을 지급한 상태였고, 그 업체에 대한 강한 믿음을 갖고 있었다. 직업적으로 수많은 시공사를 경험한 내 입장에서 이 선택은 너무 성급했고, 너무 허술했다. 그러나 이미 돈이 오갔고, 그녀의 결정은 돌이킬 수 없는 지점에 와 있었다.

나는 바라만 보는 방청객이 될 수밖에 없었다. 이후 일이 잘 풀렸다면 얼마나 좋았을까. 그러나 현실은 예상보다 더 복잡했다. 그녀가 선택한 곳은 일반적인 시공사가 아닌, 건축주 직영공사 방식을 돕는 관리대행업체였다. 건축주는 인건비와 자재비를 직접 지불하고, 업체는 공정을 조율해주는 방식이었다. 말처럼만 운영되었다면 합리적일 수도 있었지만, 실상은 달랐다.

시공 초기엔 순조로워 보였다. 그녀는 "좋은 팀을 만나서 다행"이라며, "평생 파트너가 되고 싶다"는 말까지 할 정도로 나 역시 마음을 놓았다. 하지만 5주 정도면 끝날 줄 알았던 시공은 예상과 달리 계속 지연되었고, 시간이 늘어날수록 비용은 기하급수적으로 증가했다. 급기야 그녀는 기존 시공팀과의 작업을 중단하고 스스로 천천히 마무리하려 했지만, 이들은 순순히 물러서지 않았다. 오히려 반발했고, 노동부에 신고를 접수했다. 준공에 필요한 재료 구매 확인서 등의 서류도 제출을 거부했다. 그녀가 관리회사 대표에게 정식으로 요청했지만, 협조는 끝내 이루어지지 않았다. 이들에게는 이런 상황이 어쩌면 익숙한 일처럼 보였다. 그녀는 직접 구매처를 찾아가 자료를 확보하려 했지만, 재료상은 협조를 거부했다. 이유는 간단했다. 발주를 해당 인부가 했고, 그 해당 인부와는 오랜 거래 관계였으며, 앞으로도 거래할 예정이었기 때문에, 인부의 말을 따를 수밖에 없다는 입장이었다. 경주에서 수도권 매장까지 찾아가 경찰까지 부르기도 했지만, 소용없었다. 그녀는 분노했고, 좌절했다. 돈을 낸 사람은 나인데, 왜 나는 아무 권한도 없냐고 따졌지만, 상대는 요지부동이었다.

그제야 드러났다. 그들은 단순한 인건비 수령자가 아니라, 자재 발주권까지 쥐고 있는 사실상의 또 다른 사업자였던 것이다. 이 모든 과정을 겪으며 그녀는 극도의 정신적 고통에 시달렸다. 마침내 집은 준공되었지만, 처음 가졌던 설렘과 기대는 산산이 부서졌다. 집짓기는 그녀를 만신창이로 만들었다. 안타까운 일이었다. 행복하기 위해서 집을 짓기 시작했는데 선택의 실수로 인해 너무 큰 상처를 받았기 때문이다.

집짓기에는 모든 단계마다 '위험 구간'이 도사리고 있다. 우선 컨설팅 단계는 집을 짓는 목적을 분명히 하고, 나도 모르는 숨겨진 니즈를 찾아서 전체 윤곽과 계획을 세우는 과정이다. 만약 나만의 확실한 생각과 그림이 있다면 굳이 컨설팅을 받을 필요는 없다. 하지만 더 정확한 방향을 찾기 위해 컨설팅을 받는다 해도 안심해서는 안 된다. 컨설팅은 집짓기의 시작이자 방향 설정이기 때문에, 이 출발점이 틀어지면 전체 구조가 비틀어지기 때문이다.

잘못된 컨설팅은 인허가의 어려움, 건축비의 불필요한 상승, 자신의 생활 방식과 맞지 않는 구조적 배치 등 이후 전개되는 모든 단계에 크고 작은 지장을 줄 수 있다. 설계 단계에서도 위기는 여전히 유효하다. 그 다음 단계는 건축사에 의한 설계 단계인데, 작은 집은 대부분 이 단계부터 시작한다. 그런데 소통은 주로 도면으로 이루어지기 때문에, 충분한 이해 없이 도면을 확정하고 시공에 들어가는 것은 지도 없이 항해를 시작하는 것과 다름없다. 도면에 대한 해석이 부족하면 현장에서 계속해서 혼선이 생기고, 그 혼선은 곧 공정 지연, 시공비 증가, 그리고 끝없는 갈등의 씨앗이 된다. 그래서 설계도를 완전히 이해하고, 충분히 고민해야 한다. 도면이 복잡하거나 자신이 없다면, 추가 비용이 들더라도 3D 모델링이나 시뮬레이션을 통해 시각적으로 검토하는 과정을 반드시 거쳐야 한다. 지금 드는 몇십만 원이, 훗날 수백만 원의 후회를 막아줄 수 있다. 설계는 그림이 아니라, 계약서이자 시공의 언어이기 때문이다.

가장 문제가 생기기 쉬운 단계는 단연 시공 단계다. 도면만 보고 비용과 공사 일정을 결정하다 보면, 막상 공사가 시작된 뒤에는 건축지의 특성, 현장 여건, 계절과 날씨, 자재 수급, 설계상의 예상치 못한 난관 등 수많은 변수들이 한꺼번에 드러난다.

이런 예측 불가능한 문제들은 작은 집이라고 해서 결코 예외가 아니다. 오히려 예산과 자원이 제한되어 있어 더 치명적으로 작용한다.

여기에 한몫하는 것이 바로 건축주의 변심이나 지나친 간섭이다. 공정이 중반에 접어들어 변경을 요구하거나, 매일 현장을 찾아 사소한 부분까지 시공자에게 수정 요청을 하는 경우가 생각보다 흔하다. 이런 개입은 곧바로 공사 지연, 시공비 상승, 시공 중단 등 수많은 문제로 이어진다. 특히 작은 집일수록 일정과 비용이 촘촘하게 짜여 있어, 조금만 어긋나도 전체 진행에 큰 차질이 생긴다.

가장 중요한 것은 설계자와 시공사, 그리고 건축주 사이에서 이루어지는 충분한 사전 검토와 명확한 합의, 그리고 이를 근거로 한 확실한 계약이다. 더 나아가 시공자의 시공 능력과 실적, 유사 프로젝트 경험, 팀의 규모와 전문성 등을 꼼꼼하게 사전에 점검해야 한다. 계약서에는 공사 범위, 일정, 비용, 변경 사항 처리 방법과 위약 시 책임 규정까지 상세히 포함되어야 한다.

작은 집의 경우 "작으니 간단하겠지"하는 안일

한 생각으로 단순한 계약서에 의존하거나, 심지어 구두 약속으로만 시공을 진행하는 사례가 의외로 많다. 이런 경우에는 100% 문제가 발생한다고 봐도 무방하다. 작은 공사일수록 마진도 작기 때문에, 예기치 못한 일이 생겼을 때 그 손해를 감당하기 어렵고, 책임 소재도 불분명해지기 때문이다.

오히려 이런 준비가 철저히 되어 있을수록, 집을 짓는 시간은 건축주와 시공자 모두에게 훨씬 더 안전하고 편안한 과정이 된다. 공사 진행 중에 발생할 수 있는 대부분의 갈등과 오해를 미리 차단할 수 있고, 돌발 상황이 생기더라도 계약서에 따라 신속하고 공정하게 해결할 수 있다. 매일 현장에 나가 불안하게 상황을 지켜보는 대신, 설계와 계약 단계에서 정해 둔 기준과 원칙이 자연스럽게 시공의 기준선이 된다. 집을 짓는 동안 감정적인 소모를 줄이고, 서로의 신뢰를 유지하며, 결과적으로 모두가 만족할 수 있는 작은 집을 완성하는 가장 확실한 방법은 바로 이 철저한 준비에 달려 있다.

준공 이후에도 문제는 끝나지 않는다. 입주 후 하자 대응, 서류 누락, 전기·상하수도 등록 오류,

에너지 효율 등급 미비 등 단순히 '완공되었다'고 끝이 아니라, 행정과 법적 마무리가 더 까다로운 경우도 많다.

최윤서 씨의 사례에서도 단순한 시공 지연을 넘어서, 준공을 위한 필수 서류 확보조차 불가능해지는 상황이 발생했다. 직접 재료상을 찾아가고, 경찰까지 불러보았지만 무용지물이었고, 서류 하나를 확보하지 못해 법적으로 완공된 집이 아니게 될 위기까지 갔다. 집은 완공되었지만, 마음은 허물어졌다.

이처럼 집짓기란, 그 어느 단계도 안전지대가 아니다. 시작이 틀어지면 방향이 어긋나고, 설명이 부족하면 오해가 되고, 문서가 없으면 권리가 사라진다. 집은 크기가 아니라 결정의 총합이고, 그 결정 하나하나가 신중하지 않으면, 기대한 것만큼의 공간은 절대 나오지 않는다. 하지만 반대로, 단계별로 정석대로, 성실하게 집짓기에 임한다면 이 여정은 삶에서 가장 멋진 경험이 될 수 있다. 단순히 벽을 세우고 지붕을 얹는 것이 아니라, 자신의 삶을 공간이라는 형태로 구체화해나가는 일. 내가 원하는 삶을, 내가 원하는 방식으로 하나하나 쌓아가는 과정. 그것은 분명 쉬운 일은 아니지만, 그만큼의 감동과 성취를 주는 살면서 할 수 있는 가장 창조적인 일 중 하나다. 집짓기는 결국 두려움이 아니라 질문으로 시작해야 하고, 불안이 아니라 배움으로 끝나야 한다.

51
윤서재, 이제 시작이다

우여곡절 끝에 집은 준공되었다. 상처도 있었고, 눈물도 있었지만, 어쨌든 '완성'이라는 문턱은 넘었다. 이제는 그 집에서 '어떻게 살 것인가', 그리고 '이 집을 어떻게 살릴 것인가'를 고민할 때다. 지난 일은 지나간 것이다. 앞으로는 새로운 일이 남아 있다.

사실 최윤서 씨가 내게 의뢰한 일 가운데, 어쩌면 가장 중요한 미션이 지금부터 시작일지도 모른다. 나는 이 일을 'House Branding'이라 부른다. 건축 이후의 브랜딩. 집이 완성된 다음, 그 집을 어떻게 이야기하고 활용하고 살려갈 것인가에 대한 기획이다. 윤서재는 단지 작은 집이 아니다. 그녀가 시간과 정성, 그리고 눈물까지 쏟아부은 집이다. 삶의 전환점을 만들기 위해 기꺼이 투자한 공간이다.

그렇기에 이 집은 그냥 '사는 공간'이 아니라, 브랜드가 되어야 한다. 그녀의 이름을 걸고 지은 이 집이 단지 '나만의 쉼터'로 끝나지 않고, 또 다른 누군가의 삶에도 영향을 미치는 '플랫폼'이 되기를 나는 바라고 있다.

그 시작은 브랜딩 전략 수립이다. 이 집이 가진 이야기를 정리하고, 그 철학을 명확히 하고, 시각적으로 표현하고, '윤서재'라는 하나의 세계관을 구축하는 것. 그것은 제일기획 시절, 수많은 브랜드를 다루며 내가 반복했던 과정이기도 하다. 달라진 건, 이제 그 대상이 기업이 아니라 한 사람이라는 점이다. 그리고 그것이 더 벅차다.

작지만 흥미롭고 가치있는 시도들이 시작될 수 있다. 윤서재를 새로운 삶의 플랫폼으로 만들게 된 것이다.

살아있는 모델하우스

윤서재를 실제 체험 가능한 라이브 모델하우스로 운영할 수 있다. 예비 건축주들이 1박 2일 동안 머물며 공간의 구조, 감성, 기능을 체험할 수 있도록 한다. 이후 '나도 이런 집을 짓고 싶어요'라는 수요로 이어지면, 최윤서 씨의 경험이 실질적인 컨설팅으로 이어질 수 있다.

'나만의 공간 만들기' 워크숍 프로그램

윤서재를 중심으로, 1인 라이프스타일을 위한 '공간 셀프 브랜딩' 워크숍을 운영할 수 있다. 참가자들은 자신의 삶을 돌아보고, 자신에게 맞는 공간을 기획하는 과정을 배운다.

감성 북토크 & 소규모 모임 대관

'작가의 집'이라는 콘셉트를 살려, 매달 책을 매개로 한 북토크 프로그램을 진행할 수 있다. 윤서재와 감성이 맞는 여성 작가, 인문학자, 심리상담사들과 협업해 '책과 삶', '작은 집에서 다시 쓰는 나' 같은 주제를 다룰 수 있다. 이 모임을 통해 자연스럽게 윤서재는 감성적인 플랫폼이 될 수 있다.

인생 콘텐츠의 배경지

최윤서 씨의 이야기, 그리고 이 공간을 중심으로 만들어진 철학은 유튜브, 인스타그램, 독립출판물 등으로 확장 가능하다. '윤서재의 사계절' 같은 에세이 콘텐츠는 동시대를 살아가는 많은 사람들에게 강력한 영감이 될 수 있다.

퍼스널 브랜딩 컨설팅 & 프랜차이징 모델

윤서재를 단 하나의 사례로 두지 않고, 비슷한 니즈를 가진 사람들에게 자신의 이름을 단 '서재'를 짓는 브랜드 확장도 가능하다. '감성 거주 브랜드'로서의 윤서재 라인을 확장하면 윤서재는 브랜드의 시초이자 프리미엄 레퍼런스가 된다.

이처럼 윤서재는 단지 하나의 작은 집이 아니다. 그 집은 한 사람의 철학이 구조가 되고, 경험이 스토리가 되고, 시간이 브랜드가 되는 장소가 될 것이다.

52
아직 끝나지 않은 집

이제, 이 책의 결론을 내려야 할 시간이다. 하지만 '결론'이라는 단어가 어딘가 낯설고 조금은 어색하게 느껴진다. 왜냐하면 이 이야기는 아직 끝나지 않았기 때문이다.

최윤서 씨는 '노는 집'을 기획했다. 노는 집은 단순히 시간을 때우는 유희의 공간이 아니라, 좀 더 의미 있는 쉼, 인생의 방향을 바꾸는 장소, 그리고 잃어버린 자기만의 리듬을 다시 찾아가는 공간이었다. 그곳에서는 서두르지 않아도 되고, 누구의 눈치를 보지 않아도 된다. 오히려 느긋하게 자신과 대화할 수 있는 여백이 더 중요했다.

처음에는 모든 것이 순탄하게 이어지고, 멋진 결과만 가져올 거라 믿었다. 하지만 매끄럽게 흘러갈 것 같던 여정은 뜻밖의 고비와 위험들을 만나야 했다. 결국 현실은 늘 생각처럼 되지 않는다는 것을 깨달았다. 집이라는 것은, 크든 작든 그만큼 무겁고 진지한 대상인 듯하다.

예상과 달리 노는 집을 짓는 과정에는 큰 고난이 있었다. 지나고 보면 판단이 아쉬워지는 순간도 있었고, 더 나은 선택이 분명 있었을 거라는 생각도 남았다. 하지만 시간을 되돌리기는 불가능하다. 순간순간의 결정이 쌓여 결국 현재를 만들고, 그 모든 과정이 또 하나의 배움이 된다.

인생을 살면서 자기 손으로 집을 짓는 사람이 과연 몇이나 될까? 그만큼 집을 짓는 일은 결코 사소하지 않다. 작은 집이라 해도 그 안에 담기는 감정과 정성은 결코 작지 않다.

하지만 집이 궁극적인 목적은 아니다. 집은 우리가 거주하는 곳이자, 삶을 더 풍성하게 해주는 도구일 뿐이다. 특히 '사는 집'이 아니라 '노는 집'이라면, 그 의미는 더 자유롭고 가볍다. 잠시 다른 사람의 기대나 역할에서 벗어나 오롯이 '나'에게 집중할 수 있는 무대이자, 다시 살아갈 용기를 얻는 작은 쉼표가 된다.

이제 최윤서 씨의 노는 집, 윤서재는 세상에 태어났다. 이 집은 단순한 공간이 아니다. 한 사람의 삶을 담은 브랜드이자, 한 시대의 감성을 반영한 플랫폼이며, 언젠가는 누군가의 인생을 바꿀 영감의 시작점이 될 것이다.

그래서 나는 이 결론을 하나의 닫힘이 아니라, 새로운 시작으로 삼고 싶다. 노는 집을 꿈꾸는 모든 사람들에게 조용한 나침반이 되어 주는 작은 조언을, 그리고 작은 용기를 건네고 싶다.

노는 집을 꿈꾸는 사람들에게

당신의 '놂'은 무엇입니까?
노는 집을 짓기 전에, 당신이 진짜로 '놀고 싶은 방식'을 먼저 떠올리세요.
등산, 그림, 피아노, 요리, 글쓰기, 정적 속의 멍…
무엇이 당신을 미소 짓게 하는지,
무엇이 당신을 다시 당신답게 만드는지.
노는 집은 바로 그 순간을 위한 그릇이 되어야 합니다.

집은 작아도 철학은 커야 합니다.

면적이 좁다고 삶도 작아지는 건 아닙니다.

오히려 작은 공간일수록 철학은 더 또렷해야 합니다.

내가 원하는 방식의 쉼,

내가 꿈꾸는 하루의 순서,

내가 만나고 싶은 나를 상상해보세요.

그것이 바로 집의 방향입니다.

처음부터 끝까지 '기획자'가 되십시오.

집은 시공이 아니라 기획입니다.

디자인은 한 번 그리면 끝나는 게 아니라,

살면서 수정되고 다듬어져야 할 하나의 '삶의 스크립트'입니다.

건축가는 감독이지만, 주인공은 당신입니다.

주인공이 대본을 이해하지 못한 채 현장에 서면,

연기는 흐려지고 이야기는 어그러집니다.

노는 집을 지을 때는 신중하세요.

집이기 때문에 대충 지을 수는 없습니다.

하지만 꼭 새로 지어야 할 필요는 없습니다.
당신의 목적은 '집'이 아니라 '놈'입니다.
자칫 집짓기에 매몰되지 마세요.

지은 집, 고친 집, 빌린 집…
어떤 집이든 노는 집이 될 수 있습니다.
중요한 건 집의 형태가 아니라,
그 공간을 바라보는 당신의 생각입니다.

노는 집에는 당신의 이름을 붙이세요.
이 집은 그냥 '작은 집'이 아니라,
당신 삶의 다음 장입니다.
이름을 붙이세요. 선언을 하세요.
윤서재처럼, 당신의 이야기를 품은 공간이 되게 하세요.
이름은 단지 간판이 아니라,
"이제 나답게 살겠다"는 조용한 시작입니다.

노는 집은, 결국 '나'를 위한 선언이다. 더 이상 타인의 시선에 휘둘리지 않고, 사회가 정해준 삶의 트랙에서 잠시 벗어나 내 안의 목소리에 귀 기울이는 시간. 우리는 그 집에서 쉰다. 하지만 그 쉼은 정지가 아니라 회복이다. 지친 영혼을 말리고, 빼앗긴 리듬을 되찾고, 다시 나답게 살기 위한 에너지를 채우는 공간. 그러니 '노는 집'은 어쩌면 가장 주체적인 집일지도 모른다.

이 책이 그 여정의 시작이 되기를 바란다. 이 문장이 어떤 이의 마음속에 작은 불씨가 되기를 바란다. 당신이 머물 집은, 아직 어딘가에 있다. 그리고 그 집은 당신을 기다리고 있다.

노는 집

사는 집 말고 노는 집

초판발행	2025년 7월 15일
지은이	오승열, 최윤서
펴낸이	레오
펴낸곳	brainLEO
등록	2016년 1월 8일 제2016-000009호
주소	서울시 양천구 중앙로 324, 203호
전화	02) 2070-8400
이메일	opraseno@naver.com
ISBN	979-11-94051-05-3 (13540)

Copyright © 2025 by 김진태

* 책값은 뒤표지에 있습니다.
* 파본이나 잘못 만들어진 책은 구입하신 곳에서 교환해 드립니다.
* 이 책은 저작권법에 의하여 보호를 받는 저작물이므로 무단 전재와 복제를 금합니다.